leituras & releituras

leituras & releituras

ÁLVARO BARREIRO, SJ

Contemplar a vida de Jesus

Prática e frutos

Edições Loyola

Diretor geral: Eliomar Ribeiro, SJ
Editor: Gabriel Frade

Capa: Ronaldo Hideo Inoue
Diagramação: Sowai Tam
Preparação: Albertina Pereira Leite Piva
Revisão: Volnei Valentim

Projeto gráfico da capa e logotipo da coleção de Ronaldo Hideo Inoue.

Na capa, detalhe da imagem de © Nomad_Soul (Adobe Stock).

Vinhetas do miolo de Luís Renato de Carvalho Oliveira, SJ.

Edições Loyola

Rua 1822 nº 341, Ipiranga
04216-000 São Paulo, SP
T 55 11 3385 8500/8501, 2063 4275
editorial@loyola.com.br, **vendas**@loyola.com.br
loyola.com.br, @edicoesloyola

Todos os direitos reservados. Nenhuma parte desta obra pode ser reproduzida ou transmitida por qualquer forma e/ou quaisquer meios (eletrônico ou mecânico, incluindo fotocópia e gravação) ou arquivada em qualquer sistema ou banco de dados sem permissão escrita da Editora.

ISBN 978-85-15-02420-9

3ª edição: 2025

© EDIÇÕES LOYOLA, São Paulo, Brasil, 2002

SUMÁRIO

APRESENTAÇÃO 7

1: A CONTEMPLAÇÃO INACIANA DOS
   MISTÉRIOS DA VIDA DE CRISTO 9

I. As maneiras de orar são inumeráveis 10
   A. Modos de orar na Bíblia 10
   B. Modos de orar na vida dos cristãos 12
   C. Modos de orar nos *Exercícios Espirituais* 14

II. Características da contemplação inaciana 15
    A. Uma forma diferente de oração 15
    B. A pessoa de Jesus contemplada nos mistérios de sua vida 18
    C. A contemplação é uma relação amorosa 23

III. Matéria e finalidade das contemplações 26
     A. Matéria das contemplações: a seleção dos mistérios 26
     B. Finalidade das contemplações: "Conhecimento
        interno do Senhor para mais amá-lo e segui-lo" 27

IV. Frutos da contemplação da vida de Cristo 29
    A. Integração afetiva 30
       1. Experiência de sentir-se amado/a e de amar 30
       2. Superação do narcisismo 30
       3. Superação do "eu" superficial 31
       4. Felicidade e alegria 31
    B. Fecundidade apostólica 32
       1. Experimentar primeiro 32

	2. Discernir os espíritos e deixar-se guiar pelas moções do Espírito	32
	3. Contemplar a vida de Jesus para agir como Jesus	33
C.	Espiritualidade contextual	33
	1. A contemplação que impede a alienação	33
	2. Buscar e encontrar Deus em todas as coisas	34
	3. Contemplativos na ação	35

2: A CURA DO CEGO DE JERICÓ (Mc 10,46-52) 37

Preâmbulos para a oração 37

1. A história 37
2. O cenário 38
3. A petição 39

Pontos para a contemplação 40

1. O encontro de Bartimeu: cego, mendigo, marginalizado, com Jesus (vv. 46-47) 40
2. Apesar da repreensão da multidão, Bartimeu continuou suplicando (v. 48) 43
3. Jesus manda chamar o cego (v. 49) 46
4. Bartimeu vai ao encontro de Jesus e dialoga com ele (vv. 50-51) 48
5. Curado pela fé, Bartimeu seguiu Jesus (v. 52) 51

3: O ENCONTRO DO RESSUSCITADO COM MARIA MADALENA (Jo 20,1-2.11-18) 57

Observações introdutórias 57

Preâmbulos para a oração 58

1. A história 58
2. O cenário e os personagens 59
3. A graça a ser pedida 59

Pontos para a contemplação da primeira parte 60

1. Maria Madalena vai ao sepulcro e encontra-o vazio (vv. 1 e 2) 60
2. Maria Madalena procura o cadáver de Jesus (vv. 11-13) 64
3. Jesus vai ao encontro de Maria, mas ela não o reconhece (vv. 14-15) 68

Pontos para a contemplação da segunda parte 73

1. Jesus ressuscitado é reconhecido por Maria (v. 16) 73
2. Uma nova fraternidade, nascida de uma nova filiação (v. 17) 77
3. A missão dada pelo Ressuscitado aos discípulos (v. 18) 81

APRESENTAÇÃO

A experiência mostra que a contemplação orante da vida de Cristo produz frutos de admirável fecundidade, tanto para o próprio crescimento espiritual como para o apostolado. Convicto disso, ao longo dos seis últimos anos publiquei três livros sobre a contemplação dos mistérios da vida de Cristo: *Acampou no meio de nós*, sobre os mistérios da infância de Jesus; *Do Jordão a Betânia*, sobre dez textos seletos da vida pública; *O itinerário da fé pascal*, sobre a aparição do Ressuscitado aos dois discípulos de Emaús. Numa abordagem mais acadêmica ministrei no curso de Pós-Graduação do Centro de Estudos Superiores de Belo Horizonte, em 1998 e 1999, dois seminários sobre a história, a importância e a atualidade da *Contemplação inaciana dos mistérios da vida de Cristo*.

Diante de tais dados, o leitor compreenderá que quando o Diretor da Coleção "Leituras & Releituras" me convidou para publicar um livro sobre a contemplação inaciana, eu tenha aceitado o convite "sem duvidar nem poder duvidar". O próprio Pe. Quevedo sugeriu-me as quatro partes da publicação: na primeira parte, de caráter geral, trataria da natureza, da prática e os frutos da contemplação inaciana; as outras partes seriam apresentações de três textos evangélicos, a modo de exemplos, para mostrar a riqueza e o método da contemplação inaciana.

Esse é, pois, o conteúdo do texto que o leitor tem em mãos. Para não ultrapassar o número de páginas da Coleção "Leituras & Releituras", as passagens evangélicas apresentadas para serem contempladas são somente duas. O Capítulo 1 é uma re-elaboração e ampliação do artigo que tinha sido publicado originalmente em *Itaici. Revista de Espiritualidade Inaciana* 14 (1993) 98-106. O tema do Capítulo 2: "A cura do cego de Jericó", é inédito; para sua escolha foram decisivas as razões apresentadas pelos amigos jesuítas Luís Quevedo e Cláudio Pires. O Capítulo 3 é também uma re-elaboração e refundição — mais amplas e profundas que as do Capítulo 1 — do artigo que tinha sido publicado na revista *Itaici* 30 (1997) 33-43. No fim do livro é indicada a bibliografia usada para a elaboração dos dois textos evangélicos apresentados como exemplos de contemplação.

Espero que os leitores destes breves ensaios experimentem algo da riqueza inesgotável dos mistérios da vida de Cristo e cresçam ainda mais no seu "conhecimento interno para mais amá-lo" e para segui-lo mais de perto.

ÁLVARO BARREIRO, SJ

Rio de Janeiro, 28 de janeiro de 2002
Festa de Santo Tomás de Aquino

1

A CONTEMPLAÇÃO INACIANA DOS MISTÉRIOS DA VIDA DE CRISTO
NATUREZA, FINALIDADE E FRUTOS

Apresentamos neste primeiro capítulo, em uma ótica predominantemente prática, algumas reflexões sobre as características, a finalidade e os frutos da forma de oração que Inácio chama "contemplação". Essa forma de oração é a mais praticada nos *Exercícios Espirituais*, como mostra uma análise meramente quantitativa: mais de três quartas partes de todos os exercícios de oração são "contemplações dos mistérios da vida de Cristo Nosso Senhor".

A razão da importância dada às contemplações dos mistérios da vida de Cristo está em que o exercitante descobre qual é a vontade de Deus sobre sua própria vida contemplando os mistérios da vida de Cristo, encontra o que Deus lhe pede no momento atual de sua história contemplando o que foi a história de Jesus Cristo, desde a Encarnação até a Ascensão. Essa busca da vontade de Deus para, depois de encontrada, ser posta em prática na vida do exercitante é justamente a meta final de todo o itinerário dos *Exercícios Espirituais* de Santo Inácio de Loyola.

I. AS MANEIRAS DE ORAR SÃO INUMERÁVEIS

A. Modos de orar na Bíblia

1. No Antigo Testamento

Basta percorrer a Bíblia, tanto o Antigo como o Novo Testamento, para verificar a pluralidade e a variedade das formas de oração. Em todas elas há, porém, uma constante: a vinculação da oração com a realização do plano salvífico de Deus. Todos os grandes orantes do AT são apresentados como intercessores em favor de seu povo: Abraão, Moisés, os juízes, os reis, os profetas. Jeremias será visto pela tradição como "aquele que ora muito pelo povo" (2Mc 15,14). Esdras, Neemias, os Macabeus oram por si e pelos outros. Nos livros pós-exílicos encontramos igualmente preciosos testemunhos de orações, os quais, por isso mesmo, foram conservados pela tradição.

Nos Salmos, que são a expressão mais rica e mais profunda de oração no AT, encontramos todos os grandes temas bíblicos em forma de oração. E a oração — seja ela comunitária ou individual, litúrgica ou espontânea, de súplica ou de ação de graças, de júbilo ou de lamentação — brota das situações e experiências mais diversas em que se encontram as pessoas, as comunidades, o povo todo de Israel: brota da experiência de comunhão com Deus e da experiência de abandono e de solidão, da consciência de pecado e da consciência de inocência; brota das situações de paz e de guerra, de injustiça e de perseguição, de justificação e de libertação. O orante abre seu coração diante de Deus com cânticos de júbilo, quando exulta de alegria; e gemendo e chorando, quando é dilacerado pelo sofrimento. Seja qual for, porém, a situação histórica e existencial na qual o orante se encontra, o que ele deseja e busca, em última instância, é o encontro pessoal com o próprio Deus. Por isso, os Salmos são, não só a expressão da oração do Povo de Deus da Antiga Aliança, mas também a oração do Povo de Deus da Nova Aliança, que expressa neles suas "alegrias e angústias", suas "tristezas e esperanças".

2. No Novo Testamento

O modelo permanente e insuperável de oração é *a oração do próprio Jesus*. Ele ora com as orações do AT, sobretudo com os Salmos (cf. Mt 26,30; 27,46 etc.) e com orações espontâneas. A oração ocupa lugar central na sua vida. Jesus ora de dia e de noite, ao amanhecer e ao anoitecer, quando está rodeado pelos discípulos ou pelas multidões e quando está na solidão do deserto ou da montanha. Jesus ora nos momentos mais decisivos de sua vida e de sua missão: no batismo, antes da escolha dos Doze, antes de ensinar o Pai-Nosso aos discípulos, na transfiguração. Jesus ora sobretudo na Paixão, na última Ceia, no Getsêmani, na Cruz (cf. os textos evangélicos dessas passagens e Hb 5,7 e 7,25).

Além de orar ele próprio, *Jesus ensinou seus discípulos a orar* e insistiu na necessidade de fazê-lo (cf. Lc 18,1; 11,5-8). No seu ensinamento sobre a oração, Jesus enfatiza, sobretudo, as atitudes interiores de humildade e de confiança (cf. Mt 6,5-8; 18,19; 21,22; Lc 8,50; Mc 11,23) e o conteúdo da oração: união fraterna (cf. Mt 18,19), arrependimento das próprias faltas (cf. Lc 18, 9-14; 11,2ss), vinda do Reino (cf. Mt 6,9-13).

3. Na primeira comunidade cristã

A primeira comunidade cristã de Jerusalém ora continuamente, reunida no mesmo lugar, com um mesmo coração (cf. Lc 24,53; At 1,14; 2,1; 5,12), nas circunstâncias e pelas intenções mais variadas: nas horas marcadas para a oração (At 3,1; 10,9);

antes da escolha de Matias (At 1,24-26), antes da escolha e instituição dos sete diáconos (At 6,6); pela libertação de Pedro (At 4,24-30), pelos batizados de Samaria (At 8,15).

Podemos encerrar esse rápido percorrido com um aceno à oração de Paulo. Com exceção de 2Cor 12,7-8, todas as vezes que Paulo ora nas suas cartas, quer na forma de súplica, quer na forma de ação de graças, sua oração é uma oração apostólica, no sentido de que está sempre explicitamente relacionada com a sua missão.

B. Modos de orar na vida dos cristãos

A mesma variedade de formas de oração que encontramos na Bíblia encontra-se também ao longo da história da Igreja e na vida dos cristãos. Dependendo da história espiritual de cada um, dos gostos e dos apelos interiores, das circunstâncias exteriores e dos contextos existenciais, podemos orar das formas mais variadas e recorrendo aos mais variados subsídios. Eis sete exemplos dessa variedade:

1. A partir de *textos bíblicos*. Como acenamos acima, na Bíblia encontramos praticamente todas as situações (existenciais, comunitárias e sociais) possíveis do nosso relacionamento com Deus, com os outros e conosco mesmos. Por isso, as maneiras de orar com a Bíblia são praticamente ilimitadas.

2. Podemos orar *liturgicamente*, isto é, com toda a Igreja reunida em comunidade, como "comunhão dos santos", sentindo-nos em comunhão sincrônica e diacrônica com ela. O conteúdo da oração litúrgica é toda a história da salvação. Ela é feita na fé e na esperança de que Deus levará à plenitude a obra começada.

3. Podemos orar praticando a *oração vocal,* a qual, por sua vez, pode ser feita de muitas maneiras: rezando o Pai-Nosso, a Ave-Maria ou outras orações de nossa particular devoção; rezando o terço ou repetindo jaculatórias ou frases bíblicas. Podemos re-

correr também à chamada "oração de Jesus". Essa última forma de orar é especialmente aconselhável quando estamos muito cansados, caminhando, viajando ou fazendo trabalhos rotineiros, que não exigem concentração.

4. Dependendo da situação existencial, podemos sentir-nos interiormente movidos a praticar uma *oração mais penitencial*, repetindo, por exemplo, a oração do publicano ou o Salmo 50; ou movidos, pelo contrário, a praticar uma *oração de ação de graças*, repetindo um salmo ou outro hino bíblico de louvor como o "Magnificat" ou alguma frase da Escritura que expresse mais adequada e densamente nossos sentimentos.

5. Podemos também orar sobre os *acontecimentos*, sobre algo que nos impactou particularmente, quer no sentido negativo de uma experiência de injustiça, de pecado, de sofrimento, quer no sentido positivo de gestos de entrega, de amor gratuito, de solidariedade. Essa forma de oração nos levará espontaneamente a orar pelas *pessoas* envolvidas nesses acontecimentos.

6. Em alguns momentos ou fases de nossa vida, nossa oração pode ir mais na linha da *meditação*, seja refletindo sobre temas e problemas que são mais importantes para nós no momento, seja fazendo uma leitura meditada de textos, os quais, por sua vez, podem ser muito variados: textos bíblicos, vidas de santos, livros de espiritualidade etc.

7. Em outros momentos e fases de nossa vida podemos sentir-nos movidos a praticar uma oração mais *contemplativa*, mais afetiva, mais simples, uma oração que poderíamos denominar de "presença amorosa". Essa forma de oração pode ser feita contemplando cenas evangélicas, a beleza da natureza, ou simplesmente ficando em silêncio diante do Santíssimo Sacramento.

Em toda oração verdadeiramente cristã é o Espírito quem ora em nós. O Espírito da liberdade (2Cor 3,17), que sopra onde, quando e como quer (Jo 3,8); o Espírito recebido como dom (Rm 5,5), que habita em nós (Rm 8,9), que nos torna filhos de Deus (Rm 8,14-16; Gl 4,6s). É o Espírito quem nos ensina a orar (Rm 8,26). "Deus enviou em nossos corações o Espírito do seu Filho, quem clama: *Abba*, Pai!" (Gl 4,6); o espírito que nos convence de que somos filhos de Deus e nos faz clamar: "*Abba*, Pai!" (cf. Rm 8,15-16. 26-27). A oração cristã é, portanto, uma oração que não só deve ser feita em atitude filial, mas é verdadeiramente uma oração de filhos; uma oração na qual os filhos, movidos pelo Espírito, dirigem-se ao Pai celeste, ao *Abba*/Pai que nos foi revelado por Jesus.

C. Modos de orar nos *Exercícios Espirituais*

A contemplação dos mistérios da vida de Cristo é, como dissemos acima, a forma de oração mais usada nos *Exercícios*. Mas não é a única. Os modos de orar nos *Exercícios* são muito mais numerosos e variados do que à primeira vista poderia parecer. Dessa variedade fala a primeira frase da primeira anotação: "... por Exercícios Espirituais se entende *todo e qualquer modo* de examinar a consciência, de meditar, de orar vocal e mentalmente e outras operações espirituais..." [1].

Ao longo dos *Exercícios* encontramos mais de uma dúzia de formas de oração: reflexões e considerações como o Princípio e Fundamento e as Três Maneiras de Humildade; várias formas de exame: geral, particular, para a confissão, o exame ou revisão da oração; meditações usando as três potências, como nos três primeiros exercícios da primeira semana, e meditações orientadas para o processo de eleição e para a concretização do seguimento de Cristo, como no caso das meditações-chave da segunda semana: Duas Bandeiras e Três Classes de Homens; repetições e resumos, que são formas de oração mais simplificadas e mais afetivas; os três modos de orar, propostos no fim da quarta semana; a

Contemplação para alcançar amor, que é a oração-síntese de todos os *Exercícios*.

Os *Exercícios espirituais* são, no fundo, a expressão universalizada e metódica, e ao mesmo tempo extraordinariamente flexível, da experiência pessoal de Inácio. A genialidade do seu autor está precisamente em haver conseguido apresentar o que foi *sua* experiência espiritual — experiência que, por ser pessoal, foi absolutamente singular e única — de tal maneira, que, sob determinadas condições, o mesmo itinerário espiritual pode ser feito por qualquer outro cristão que o desejar. O itinerário de cada exercitante, no entanto, será sempre absolutamente singular, único, irrepetível.

Os *Exercícios* são chamados "espirituais" justamente porque quem os faz deixa-se mover, em última instância, pelo Espírito. "A ousadia de deixar-se guiar" pelo Espírito, que Inácio praticou tão admiravelmente a partir da sua conversão, deve ser também praticada por aquele que faz os *Exercícios*, tanto no que diz respeito às formas de oração como no que diz respeito ao método. Ao longo do texto, seu autor chama repetidas vezes a atenção sobre essa liberdade e flexibilidade. Tal insistência sintoniza com a observação que o próprio Inácio fez ao Pe. Câmara, a saber, que não há pior erro na vida espiritual que o de querer conduzir os outros pelo próprio caminho. Na verdade, quem guia todos os cristãos pelo caminho de oração — um caminho singular e próprio para cada um — é o Espírito Santo.

II. CARACTERÍSTICAS DA CONTEMPLAÇÃO INACIANA

A. Uma forma diferente de oração

1. *Distinção entre "meditação" e "contemplação"*

"Contemplação" e "meditação" são duas formas diferentes de oração. No exercício de *meditação* são usadas sobretudo as três potências: memória, entendimento e vontade, para compreender mais profundamente as verdades da fé cristã meditadas. Em outras palavras, a meditação é uma forma de oração que acentua a dimensão discursiva, reflexiva, intelectual. No exercício de *contemplação,* pelo contrário, o mais importante não é pensar, mas sentir; não é o discurso lógico, mas o "discurso" afetivo; não se trata de "saber" muitas coisas ou coisas novas no nível teórico, mas de aprofundar afetivamente, de "sentir e saborear internamente", o mistério contemplado. A reflexão tem também seu lugar imprescindível no exercício de contemplação, mas ela deve ser feita *depois* de ter contemplado longamente a cena evangélica, vendo as pessoas, ouvindo o que falam, olhando o que fazem. Em outras palavras, a "reflexão" deve ser um "reflexo" da contemplação; o exercício de contemplação deve ter "reflexos" na vida de quem contempla.

Contemplar não é, portanto, o mesmo que meditar. Há religiosos que meditam, isto é, que pensam e raciocinam durante o tempo dedicado à oração; que falam de Deus e sobre Deus, que pregam e "rezam" milhares de horas ao longo de suas vidas. Não sabem, porém, o que é contemplar. Podem ter até uma "idéia" do que é a contemplação, mas nunca fizeram a experiência de uma hora de contemplação. Lembro-me, a esse propósito, de uma religiosa que descobriu, aos 83 anos, num retiro de oito dias, a forma inaciana de contemplar os mistérios da vida de Cristo e ficou literalmente encantada com a descoberta feita. Encantada e, ao mesmo tempo, entristecida. Entristecida por não tê-la descoberto antes, apesar de ter feito dezenas de vezes os "exercícios espirituais" anuais.

2. *Mal-entendidos sobre a contemplação*

Hoje em dia a palavra "contemplação" não está em alta no mercado dos bens religiosos, pelos menos em certos meios. Para muitos não diz nada; para muitos outros significa inclusive o contrário do que ela realmente é: significa ilusão e alienação, sendo assim que ela é, na verdade, o caminho para chegar à forma mais profunda de adesão, de fidelidade e de compromisso.

O que é, então, a contemplação? Só é possível compreender o que ela é experimentando-a. Rigorosamente falando, não se pode ensinar ninguém a contemplar. Assim como só se aprende a andar andando, a nadar nadando, a tocar um instrumento musical tocando-o, também só se aprende a orar orando; mais especificamente, a gente só aprende a contemplar praticando a contemplação.

A contemplação é uma dimensão essencial do ser humano. Uma pessoa que nunca contemplou uma paisagem está gravemente mutilada na sua humanidade. Os animais não contemplam paisagens, não pintam quadros, nem cultivam jardins. Em grau maior ou menor, todos temos de descobrir, ou redescobrir, a dimensão contemplativa de nossa vida. Para sermos verdadeiramente humanos, temos de fazer a experiência da contemplação. Paradoxalmente, para tornarmo-nos verdadeiramente adultos, temos de acordar a criança que dorme em nós. A criança vê, ouve, olha, admira-se o dia todo e todos os dias. Cada dia redescobre com os sentidos e inventa com a imaginação um mundo novo, maior e mais bonito que o do dia anterior. E assim é feliz. É feliz porque para ela, em cada nova experiência, o mundo torna a começar.

Um médico de quarenta e poucos anos, depois de ter feito, no alto de um morro em frente ao mar, a experiência de contemplar a "re-criação" do mundo, a passagem do mundo das trevas para o mundo da luz, confessava, com uma alegria e uma tristeza análogas às da religiosa de 83 anos, citada no fim do item anterior, que aquela era a primeira vez em sua vida que tinha contemplado uma paisagem.

B. A pessoa de Jesus contemplada nos mistérios de sua vida

1. Só o amor contemplativo dá acesso ao mistério da pessoa

Depois das observações que acabamos de fazer sobre a contemplação em geral, vamos analisar agora, mais pormenorizadamente, uma forma particular de contemplação: a contemplação dos mistérios da vida de Cristo.

Começamos nossa reflexão com esta afirmação: "Só o amor contemplativo dá acesso ao mistério da pessoa". Quem é verdadeiramente uma pessoa não se conhece por meio de idéias e de análises científicas, sejam elas filosóficas ou psicológicas. Ninguém se apaixona por uma pessoa porque descobriu o nível do seu QI, ou os dados de sua personalidade recolhidos no fichário de um psicólogo, ou os números do peso e das medidas de uma jovem que ganhou um concurso de beleza. *Quem é* verdadeiramente uma pessoa só é revelado através de sua vida, convivendo com ela. Só os sentidos, só o coração por intermédio dos sentidos, podem perceber o que há de absolutamente original, singular, inconfundível e irrepetível num homem ou numa mulher.

Que fazem os namorados para se conhecer mais profundamente e para se enamorar ainda mais? Fazem análises e pesquisas científicas? Absolutamente não. Simplesmente contemplam as atitudes e os comportamentos, as ações e as reações, os hábitos e as "manias" um do outro; contemplam, "saboreiam", "curtem" os sentimentos, os afetos, os desejos que se expressam em palavras, em silêncios, em gestos. Às vezes, os gestos aparentemente mais insignificantes são os mais reveladores, fascinantes e literalmente encantadores: o modo de andar, o modo de olhar, o modo de rir, a tonalidade da voz... Não se trata de "estudar" o outro. Trata-se simplesmente de contemplá-lo. E tudo no outro é objeto de contemplação. Não só as características exteriores, como a altura e a forma do corpo, a cor da pele ou dos olhos, mas, sobretudo, os sentimentos, as emoções, os gostos, as preferências, os valores, os ideais etc., pois são eles os que revelam de mil maneiras o mundo interior, os segredos do coração.

Só é possível chegar ao fundo do mistério das pessoas pelo caminho do amor contemplativo. Contudo, porque a riqueza espiritual das pessoas é inesgotável, o seu mistério nunca é totalmente desvelado. Ora, é justamente essa profundidade inesgotável do mistério da pessoa amada o que fascina a pessoa que ama. O que encanta e cativa na pessoa amada não é propriamente o brilho, a irradiação externa da sua beleza, mas é a luz oculta e misteriosa que a ilumina de dentro e faz com que toda ela seja luminosa. "O essencial é invisível para os olhos" (Saint-Exupéry).

Essa realidade, esse mistério da relação amorosa podem ser expressos por meio de outra imagem ou constelação de imagens: as imagens da sede, da água, da fonte. As pessoas que amamos são fonte de felicidade para nós, não propriamente porque desalteram nossa sede de amor, mas porque mantêm sempre viva, sem conseguir saciá-la inteiramente, essa sede; porque a fonte na qual bebemos cada manhã continua a manar dia e noite: "la fonte que mana y corre/aunque es de noche" (S. João da Cruz).

2. *A contemplação da vida de Jesus como caminho de acesso a seu mistério*

Se isso acontece nas relações de amizade e de amor humanos, acontece num grau incomparavelmente maior na relação interpessoal com Jesus Cristo. Rigorosamente falando, só a riqueza e a novidade do mistério de Jesus, só a altura e a profundidade do seu amor são inesgotáveis. É do abismo insondável do amor de Deus — que nos foi revelado em Jesus de Nazaré — que brotam todas as manifestações do verdadeiro amor humano.

A escolha dos mistérios da vida de Cristo feita por Santo Inácio nos *Exercícios* e o modo de apresentá-los revelam uma extraordinária concentração do olhar contemplativo na pessoa de Jesus Cristo. Ela ocupa o centro de todas as contemplações, que são, por isso mesmo, todas elas cristocêntricas. O que o exercitante deve fazer durante a hora inteira de cada exercício de contemplação, desde o primeiro preâmbulo até o colóquio final, é contemplar as palavras, as atitudes, as ações, os gestos de Jesus na cena evangélica a ser contemplada; deixar-se envolver pelo dinamismo da cena e participar dela ativamente, tendo sempre como ponto de referência a pessoa de Jesus. Na medida em que Jesus ocupar o centro do ver, do olhar e do ouvir, ocupará também o centro do coração do exercitante que vê, que olha e que ouve.

Só depois de ter feito esse exercício de contemplação com um coração aberto, receptivo, comovido, em profunda comunhão com Jesus, deverá o exercitante fazer o exercício de "refletir sobre si mesmo para tirar algum proveito". Isto é, deverá confrontar suas atitudes e seus comportamentos, assim como os sentimentos e desejos sentidos durante a contemplação, com as atitudes, as palavras e as práticas de Jesus.

O tempo dedicado às contemplações é o tempo do "enamoramento" de Jesus, é o tempo do crescimento no "conhecimento interno" de Jesus Cristo "para mais amá-lo". Do qual se seguirá o desejo de "segui-lo". Em outras palavras, o tempo das contemplações é o tempo de deixar-se afetar, cativar, entusiasmar, pela pessoa, pela missão, pelo projeto de Jesus; é o tempo do amadurecimento e da concretização das opções e dos compromissos para seguir Jesus pelos caminhos que ele percorreu. Dessa inter-relação dinâmica entre os pensamentos, os sentimentos, os desejos e as decisões, entre a moção e a missão, nascem, como já acenamos, a força e a eficácia dos *Exercícios*.

Aquele a quem for dada a graça do "conhecimento interno" de Jesus Cristo, sentir-se-á de tal maneira fascinado por ele que estará disposto a deixar tudo para segui-lo. Não só superará todos os obstáculos encontrados no caminho do seguimento de Jesus, mas o fará "cheio de alegria". É o que dizem, com força e concisão insuperáveis, as duas parábolas mais breves de todos os evangelhos: a parábola do tesouro escondido, que tem um só versículo, e a parábola da pérola preciosa, que tem dois, mas é tão curta como a primeira (cf. Mt 13,44-46). O realismo e a força dessas duas parábolas devem-se ao fato de serem autobiográficas. Elas expressam o que foi a experiência pessoal de Jesus.

O centro do olhar na contemplação dos mistérios evangélicos é sempre a pessoa do Verbo encarnado, daquele que acampou no meio de nós (cf. Jo 1,14) e passou pelo mundo fazendo o bem a todos (cf. At 10,38). É essa contemplação a que nos faz bons e a que nos faz fazer o bem. Quem contempla longamente os mistérios da vida de Jesus passa a olhar os homens, os acontecimentos, a história e toda a criação com o olhar de Jesus.

Porque a riqueza do mistério de Cristo é inesgotável, o Evangelho é quadriforme. Querer fazer dos quatro evangelhos um Evangelho uniforme é atentar contra sua riqueza, sua beleza e sua verdade. É uma profanação. Cada evangelista fixou seu olhar em determinados traços do rosto de Cristo, "ícone de Deus". Cada traço, cada gesto desse ícone é iluminado pela pessoa daquele que é "a luz do mundo". Nosso "encontro" com Jesus se dará seguindo o caminho iluminado por aqueles raios de luz que mais falarem à nossa inteligência e ao nosso coração, ao nosso modo de ser e à nossa história pessoal.

Não são as teorias que comovem e convertem os corações. Não são os discursos que transformam as estruturas de pecado e "tiram os pecados do mundo". O ponto de apoio arquimedeano para mover os corações e para transformar o mundo na direção do projeto do Pai, isto é, na direção dos pobres e dos pecadores, dos que mais precisam de libertação-salvação, é o olhar contemplativo dos mistérios da vida de Jesus. É esse olhar o que move e comove, a partir de Jesus e na direção de Jesus, o próprio coração; é esse olhar o que move a pôr-se a serviço dos outros, especialmente dos mais necessitados, no seguimento de Jesus. Afinal, como mostra Santo Inácio na contemplação da Encarnação, tudo começou com um olhar: o olhar de compaixão de Deus sobre o mundo [102 e 106]. Nós podemos contemplar o mundo com esse olhar porque com ele fomos primeiro eternamente olhados/contemplados/amados por Deus na sua glória; e, depois, por Jesus, dentro de nossa história.

3. "Cristo, sacramento do encontro com Deus"

Os mistérios da vida de Jesus são os sinais que identificam e iluminam nosso itinerário para o Pai pelos caminhos, por todos os caminhos, deste mundo. Contemplando Jesus vemos nele o Pai: "Filipe, quem me vê, vê o Pai" (Jo 14,9). A contemplação inaciana nos faz entrar em contato pessoal com "o Verbo eterno... assim novamente encarnado" [109]. O objeto da contemplação de todos os mistérios da vida de Cristo é o Verbo que se fez carne, o Jesus terrestre, o Cristo histórico, e não um Cristo inventado por uma imaginação desvairada ou construído por uma razão que se autojulga científica, mas que, no fim das contas, embora por outros caminhos, acaba sendo igualmente desvairada.

Depois da encarnação do Verbo, o encontro com Deus dá-se de maneira "sacramental", isto é, de maneira visível e eficaz. É o que diz o belo título do livro de E. Schillebeeckx, *Jesus Cristo* [é o] *sacramento do encontro com Deus*. O encontro pessoal com Jesus Cristo, com o Jesus dos Evangelhos, tem uma estrutura sacramental, dá-se através dos sentidos. Contemplando Jesus, descobrimos os traços do Verbo eterno de Deus, pelo qual foram criadas todas as coisas, em todas as criaturas: "Y yéndolas mirando/com sola su figura/vestidas las dejó de su hermosura" (S. João da Cruz).

Os mistérios evangélicos são cenas, momentos, fatos que aconteceram num lugar e num tempo determinados de nosso mundo, de nossa história. Durante o exercício de contemplação, essas cenas se fazem presentes ao exercitante por meio dos preâmbulos, dos pontos e das outras orientações dadas por Santo Inácio. O exercitante é convidado a fazer a "composição de lugar", montando o cenário da cena evangélica com a ajuda da imaginação; a contemplar a cena evangélica vendo as pessoas, ouvindo o que falam, olhando o que fazem; a participar da cena "como se estivesse presente" [114]. Tudo isso é possível fazê-lo porque as cenas narradas nos evangelhos não pertencem simplesmente ao passado. Por serem fatos salvíficos operados por Deus, continuam sendo reveladores do amor de Deus e "sacramentos" desse amor para quem os contempla e acolhe na fé.

C. A contemplação é uma relação amorosa

Toda verdadeira oração, e mais particularmente esta forma específica de oração que é a contemplação dos mistérios da vida de Jesus, é uma relação amorosa. Para ela valem, portanto, as "regras" da relação de amizade e de amor entre as pessoas.

Para que possa acontecer um encontro envolvente e profundo entre duas pessoas é necessário um tempo durante o qual a experiência do encontro possa não só nascer, mas também crescer, florescer e dar frutos. Essa é a razão pela qual na oração, como na relação amorosa, o quantitativo torna-se qualitativo. O itinerário para chegar a conhecer em profundidade uma pessoa, para começar a amá-la e para crescer no seu amor, é longo, exige muitas e muitas horas de convivência e de contemplação. Uma pessoa não se conhece num encontro só. São necessários muitos encontros, feitos de palavras, de gestos, de silêncios. É o que fazem todos os namorados em todas as partes do mundo.

Nenhum casal de namorados, em nenhuma parte do mundo, fica satisfeito com namorar cinco, dez ou quinze minutos. Pode até acontecer que dois namorados, contra sua vontade, disponham de um tempo brevíssimo para estarem juntos. Nesses casos, um encontro de dez minutos pode tornar-se inesquecível. Dois amigos que se encontram pela primeira vez depois de dez, de quinze ou de vinte anos podem recordar, durante um período de tempo muito breve, mas com uma intensidade de felicidade absolutamente única, todo o mundo da infância e da adolescência que viveram juntos. Esses são, porém, casos excepcionais. Normalmente os encontros dos namorados e dos amigos são freqüentes e longos, lentos e serenos. E entremeados de silêncios, povoados de lembranças e fecundados de projetos.

Sem a contemplação da humanidade de Jesus, sem ouvir, sem ver com nossos olhos, sem apalpar com nossas mãos a Palavra da vida, "que estava junto do Pai e apareceu a nós" (cf. 1Jo 1,1-2), sem a espessura dessa visibilidade carnal, longamente contemplada na oração, a figura de Jesus Cristo corre o risco de ficar reduzida a uma idéia desencarnada ou a um ideal abstrato que, a longo prazo, esvai-se e não tem mais força para mover ao seguimento.

Dessa antropologia do encontro e da comunicação deriva a importância das "repetições" e das "aplicações de sentidos" na pedagogia espiritual inaciana. Elas são importantes porque, como já dissemos, ao conhecimento das pessoas não se chega por meio de idéias; e para conhecer uma pessoa não basta um encontro.

Mesmo no caso do "amor à primeira vista", são necessários muitos outros olhares contemplativos para que o amor que brotou do primeiro olhar se enraíze no coração.

Num encontro que tive com dois noivos franceses numa paróquia da periferia de Paris, perguntei-lhes, para começo de conversa, como tinham se conhecido. O noivo me disse que fora numa sala de festas. Lá estava também seu irmão com a namorada. Ao aproximar-se para saudá-los, viu Jacqueline, uma amiga da namorada do irmão. Ao descrever sua descoberta, o noivo usou esta expressão: "Eu a vi e, de repente, ela encheu a sala inteira". Isso é que é amor à primeira vista. Mas, depois dessa primeira vista, foram necessários muitos outros encontros para aprofundar o amor fulminante que iluminou o primeiro encontro.

Muitos cristãos costumam fazer sua oração sobre os textos bíblicos da liturgia do dia. Isso é muito bom e produz muitos frutos. Mas não é essa a forma de orar proposta por Santo Inácio nos *Exercícios*. Ele propõe para o primeiro dia da segunda semana só dois mistérios: a Encarnação e o Nascimento. Sobre eles devem ser feitos cinco exercícios: uma contemplação sobre cada um dos mistérios (1º e 2º exercícios), duas repetições sobre os dois mistérios juntos (3º e 4º exercícios) e uma aplicação de sentidos sobre os dois mistérios (5º exercício). Mais ainda, a partir do 5º dia até o 12º dia da segunda semana, Santo Inácio propõe um só mistério por dia [158-161], embora deixando liberdade para contemplar mais ou menos mistérios [162].

Se para conhecer uma pessoa humana não basta um só encontro, muito menos para conhecer a pessoa de Jesus Cristo. Uma vez que em cada mistério da sua vida está contido em certo sentido todo o mistério de Cristo, o mais importante não é o número de mistérios contemplados, mas a profundidade da contemplação. A razão da liberdade deixada por Santo Inácio é simplesmente que a uns ajuda mais contemplar mais manifestações da epifania única e inesgotável de Jesus Cristo e a outros ajuda mais contemplar menos. Seja como for, as repetições são fundamentais na pedagogia inaciana. Elas conduzem, pelo caminho da simplificação e da interiorização progressivas, ao "conhecimento interno" de Jesus Cristo, ao crescimento lento e silencioso da intimidade com Jesus. Por meio da "curtição" da sua presença, o exercitante acaba captando a individualidade única de Jesus, acaba adquirindo o gosto e o faro de Jesus.

III. MATÉRIA E FINALIDADE DAS CONTEMPLAÇÕES

A. Matéria das contemplações: a seleção dos mistérios

A seleção dos mistérios da vida de Cristo que devem ser contemplados nos *Exercícios* não é arbitrária nem aleatória. Fundamentalmente, Inácio segue a cronologia da vida de Jesus, tal como é apresentada nos Evangelhos; mas faz uma seleção muito cuidadosa para que pela contemplação de cada mistério seja alcançado o fruto apropriado para cada fase e para cada momento do itinerário dos *Exercícios*.

Inácio insiste em que se deve partir dos dados do texto bíblico, do "fundamento verdadeiro da história", o qual deve ser narrado fielmente "com breve ou sumária declaração" [2]. A razão desse modo de proceder é que, partindo desse fundamento, o que "a pessoa que contempla" encontrar por si mesma será "de mais gosto e fruto espiritual" [2]. A finalidade dessa *anámnesis*, desse recordar e tornar presente "a história" de Jesus, é fazer com que ela se torne "história" na vida do exercitante, é descobrir qual deve ser a *práxis* do exercitante no seguimento de Jesus, como deve concretizar-se sua imitação e seguimento de Jesus.

Na segunda semana, Inácio deixa grande liberdade para a escolha dos mistérios a serem contemplados. Os textos antes da eleição estão mais determinados. Uma vez iniciado o processo da eleição, são selecionados textos que se encaixam na dinâmica dos *Exercícios*. O Jesus que ocupa o centro não é o Jesus taumaturgo, mas o Salvador, o Enviado do Pai que convida os homens para estarem com ele, para segui-lo pelo seu caminho e para serem enviados por ele a fim de levar adiante sua missão. Às vezes é alterada a ordem cronológica: a pregação no templo, por exemplo, é posta depois da ressurreição de Lázaro e do Domingo de Ramos.

Na terceira semana, Inácio dá mais importância à ordem cronológica dos textos evangélicos do que à teologia particular de cada evangelista (cf., por exemplo, as cenas do Cirineu [296], das sete palavras [297] e dos guardas do sepulcro [298]). Recomenda também que não se deixe de contemplar nenhum dos passos da Paixão [cf. 190-208 e 289-298] e sublinha a perspectiva topográfica: ao acompanhar Jesus passo a passo, o exercitante vai sendo configurado no mais íntimo pelo Senhor que sofre a Paixão.

Se já nos próprios evangelhos o espaço dado à Paixão-Ressurreição é desproporcional com relação ao resto da vida de Jesus, nos *Exercícios* a desproporção é ainda maior. E a liberdade, com relação à escolha e ao número de mistérios a serem contemplados, é também maior do que na segunda semana.

B. Finalidade das contemplações: "Conhecimento interno do Senhor para mais amá-lo e segui-lo"

A "petição" a ser feita ou a "graça a ser recebida" no início de cada um dos exercícios de contemplação dos mistérios da vida de Cristo da segunda, da terceira e da quarta semana é fundamentalmente sempre a mesma: o conhecimento interno de Jesus Cristo para mais amá-lo e mais segui-lo [104; 130; 195; 221]. As três dimensões da petição são inseparáveis. Ninguém ama o que não conhece, e ninguém se compromete com o que não conhece e com o que não ama. Por serem inseparáveis, o crescimento em qualquer uma delas traz consigo o crescimento nas outras.

O "conhecimento interno" de Jesus Cristo pedido nas contemplações dos mistérios de sua vida não é um conhecimento intelectual, teórico, abstrato e estático, mas é um conhecimento existencial, concreto, prático e dinâmico. Também não é um conhecimento adquirido pela soma de informações. Não se trata de "saber mais coisas". Trata-se de entrar em comunhão interpessoal, em comunicação de vida com aquele que é conhecido. Esse conhecimento não pode ser "conquistado". Só pode ser revelado, recebido como dom. É pura graça. "Ninguém conhece o Filho senão o Pai, e ninguém conhece o Pai senão o Filho e aquele a quem o Filho o quiser revelar" (Mt 11,27). Por ser dom, tem que ser insistente e humildemente pedido.

Por mais clara que seja para a inteligência a relação entre "conhecer", "amar" e "seguir", a graça pedida não será alcançada através de raciocínios lógicos. Há realidades que só são verdadeiramente conhecidas e entendidas quando são "reveladas", quando são desveladas por um amor livre e gratuito, quando são vislumbradas pelos olhos do amor. Assim como há verdades que só podem ser conhecidas quando são praticadas. Quando esse conhecimento é de fato recebido como graça, transforma o coração, move ao seguimento e leva ao compromisso e à comunhão de destino com Jesus Cristo. Revoluciona as atitudes, as opções e as relações daquele que o recebe com as pessoas e com as coisas.

A graça do "conhecimento interno" de Jesus Cristo, pedida no terceiro preâmbulo de todas as contemplações da segunda semana abrange todas as dimensões da pessoa e da missão de

Jesus: sua mensagem e seus gestos, suas atitudes e suas práticas, seus valores e seus projetos, sua vida e sua morte. Esse "conhecimento interno", e a conseqüente adesão a ele, o fascínio por ele, o desejo de conformar a própria vida com a vida de Jesus, vão sendo dados ao exercitante paulatina e progressivamente, à medida que vai contemplando os mistérios.

Para produzir tais frutos, a contemplação tem de ser feita empenhando a pessoa toda: sentidos, inteligência e coração. E tem de ser prolongada e repetida até o exercitante chegar à comformidade com Cristo, até estar com-figurado com Cristo; até ter os mesmos sentimentos de Cristo (cf. Fl 2,5). Por meio da contemplação prolongada dos mistérios de Cristo o exercitante vai adquirindo o "sentido de Cristo", uma espécie de "sexto sentido" crístico, por intermédio do qual "fareja" instintivamente o que é evangélico e o que não o é.

Não é possível fazer uma eleição pura sem haver contemplado longamente as palavras e as ações, o modo de agir e de reagir de Jesus. Nas meditações-chave da segunda semana é dada ao exercitante a chave de leitura, os critérios evangélicos para verificar a autenticidade da sua opção por Cristo e pelo serviço do Reino. O critério para a eleição e para o compromisso concretos do exercitante será o das opções e compromissos feitos por Jesus. Só assim, nessa forma de obediência, poderá o exercitante realizar a vontade do Pai, o projeto do Pai; e, finalmente, entrar, como seguidor e servidor de Jesus, na glória do Pai [95].

IV. FRUTOS DA CONTEMPLAÇÃO DA VIDA DE CRISTO

Sem pretender ser exaustivos nem rigorosamente sistemáticos, indicamos, encerrando este capítulo, alguns dos frutos produzidos pela contemplação dos mistérios da vida de Cristo. Os pontos elencados giram em torno de três temas fundamentais que poderíamos denominar: integração afetiva, fecundidade apostólica e espiritualidade epocal ou contextual. Longe de haver separação ou oposição entre eles, os três temas se alimentam e enriquecem reciprocamente.

A. Integração afetiva

1. Experiência de sentir-se amado/a e de amar

A contemplação dos mistérios da vida de Cristo leva o exercitante ao aprofundamento da relação pessoal e afetiva com ele. A contemplação prolongada e repetida das palavras e das ações de Jesus, dos seus sentimentos e das suas opções, leva o exercitante a uma crescente identificação com ele. A prática continuada dos exercícios de contemplação da vida de Cristo vai operando paulatinamente no exercitante a integração afetiva de todo o seu mundo interior e de sua relação com o mundo. É o fruto de toda relação amorosa.

A experiência do amor re-cria, a partir de suas raízes, a pessoa que se sente amada e que ama. A força e a profundidade da integração afetiva nas pessoas que contemplam essa forma de oração contemplativa são incomparavelmente maiores do que as produzidas pelas terapias psicológicas. A prova da verdade desta afirmação é a vida dos santos, sejam eles canonizados ou não, mortos ou vivos.

2. Superação do narcisismo

Pela sua própria natureza, este tipo de oração leva à superação do narcisismo. À diferença da meditação, que fixa o olhar de quem a faz sobre si mesmo, a contemplação, por definição, dirige o olhar para fora de si, para o outro. Essa direção do olhar, que desde o início da segunda semana até a última contemplação dos mistérios da quarta semana, permanece ininterruptamente fixo na pessoa de Jesus Cristo, leva o exercitante à prática do amor extático, isto é, ao amor que sai de si para contemplar, amar, seguir e servir o outro. Instaura-se assim uma relação de autêntica e profunda alteridade, na qual o verdadeiramente importante, o que dá valor e sentido a todas as outras realidades, é a pessoa de Jesus e sua missão.

3. Superação do "eu" superficial

O olhar contemplativo, ao mesmo tempo que desegoistiza o amor, tornando-o adulto e superando o narcisismo, opera na pessoa que contempla longamente os mistérios da vida de Jesus o que poderíamos chamar a superação do "eu" superficial e periférico. À medida que vai aprofundando o conhecimento íntimo de Jesus Cristo, a pessoa que contempla descobre novos horizontes e valores novos, que a movem ao despojamento de si mesma, a querer sair dos horizontes estreitos e sufocantes do "próprio amor, querer e interesse" [189].

4. Felicidade e alegria

A pessoa que ama e é amada é feliz e irradia felicidade e alegria. Nela realiza-se o pedido do salmista: "Saciai-nos com o vosso amor pela manhã e o dia todo viveremos alegres e cantando" (Sl 89,14). Os autênticos namorados respiram e expiram felicidade vinte e quatro horas por dia, quer nas noites de luar, quer nas noites de tempestade, sob um céu azul ou sob um céu de chumbo. Sejam ricos, sejam pobres, vivendo em tempo de paz ou em tempo de guerra, para eles o mundo é bonito e a vida está cheia de promessas.

B. Fecundidade apostólica

1. *Experimentar primeiro*

Para poder comunicar aos outros a experiência de Deus é necessário havê-la experimentado primeiro. Quanto mais profunda tiver sido a experiência, mais convincente será o testemunho. Quando uma pessoa fala de Deus, de Jesus Cristo, do Evangelho, os ouvintes percebem imediatamente se ela fala do que ouviu falar e do que aprendeu nos livros ou se fala do que experimentou e saboreou na oração. Só a comunicação do que foi sentido, do que comoveu o coração de cada um tem força para afetar, comover e mover o coração dos outros. Em outras palavras, só é capaz de apaixonar os outros por Jesus Cristo, pelo seu Evangelho, pelo serviço do seu Reino, quem primeiro se apaixonou por Jesus Cristo, contemplando longamente sua vida. Na linguagem do evangelho de São João, só pode dar frutos, ser espiritualmente fecundo, quem vive a união com Jesus e permanece unido a Jesus (cf. Jo 15).

2. *Discernir os espíritos e deixar-se guiar pelas moções do Espírito*

A prática da contemplação dos mistérios da vida de Cristo nos ensina a sentir, conhecer e discernir os diversos espíritos, as moções do Espírito na nossa vida cotidiana; e assim, a descobrir — para praticar — a vontade de Deus na vida de cada dia. A contemplação da vida de Cristo, de suas palavras e ações, cria em quem o contempla o *sensus Christi*, um "sexto sentido", um faro especial para descobrir o que é e o que não é conforme ao Evangelho.

3. Contemplar a vida de Jesus para agir como Jesus

Hoje ouve-se com freqüência que temos de orar a vida, que o importante é rezar a própria vida. Ora, não há maneira mais iluminadora, mais profunda e mais radical de orar a própria vida do que contemplar a vida de Jesus. O que Deus quer concretamente de nós na nossa vida, na nossa história, nos é revelado contemplando a vida do Jesus histórico, isto é, contemplando a história de Jesus.

A finalidade das contemplações dos *Exercícios* é justamente — como já fizemos notar — descobrir, contemplando a história de Jesus, qual é concretamente a vontade de Deus na história pessoal do exercitante. O gênero de vida que Deus quer de cada pessoa vai sendo descoberto por ela ao contemplar os mistérios da vida de Cristo. O caminho para encontrar a maneira mais radical de viver a "ortopráxis", o modo certo e justo de agir, é contemplar a práxis, o comportamento, as ações de Jesus.

C. Espiritualidade epocal ou contextual

1. A contemplação que impede a alienação

Outro fruto da contemplação dos mistérios da vida de Cristo, de extraordinária importância para a nossa época e para o nosso contexto social, é que essa forma de oração não permite alienação. Depois de cada um dos pontos de cada uma das contemplações; depois de ver, ouvir, olhar as pessoas na cena evangélica contemplada, o exercitante é sempre convidado a "refletir sobre si mesmo para tirar algum proveito". O confronto da sua vida com a vida de Jesus tem de levá-lo ao serviço dos irmãos, especialmente dos mais necessitados.

Depois de contemplar a vida e a história de Jesus, a própria vida e a própria história, assim como a vida e a história dos outros, são vistas com olhos novos, clareados e iluminados pela novidade de Jesus. Depois de contemplar demoradamente e repetidas vezes a pessoa de Jesus nos relatos evangélicos de sua vida, o mundo passa a ser visto com os olhos do Jesus dos Evangelhos, com olhos evangélicos.

2. Buscar e encontrar Deus em todas as coisas

Bucar contemplar Deus em todas as coisas foi e continua a ser a experiência de todos os místicos, começando pelo modelo de todos eles: Jesus de Nazaré. Segundo os relatos evangélicos, Jesus retirava-se com freqüência para orar: algumas vezes, acordando de madrugada; outras vezes, no fim do dia; outras vezes, passando a noite inteira em oração. Alimentava assim sua união com o Pai, vivida em todos os momentos de sua vida. Fazer a vontade do Pai era seu alimento cotidiano.

A contemplação dos mistérios da vida de Jesus faz com que a pessoa que contempla viva numa atitude permanente de conversão, tendo sempre Deus — o Deus que nos foi revelado nas palavras e nas ações de Jesus — diante dos olhos, na busca permanente do "mais" no serviço de Deus.

O Inácio que encontra Deus em todas as coisas e em todas as atividades, tanto quando espera audiência nas antecâmaras dos cardeais como quando acompanha prostitutas de Roma a caminho da casa Santa Marta, é o mesmo Inácio que, ao começar o dia, experimentara Deus, derramando copiosas lágrimas, na celebração da Eucaristia, precedida de uma longa preparação e seguida de uma longa ação de graças. O D. Hélder que irradia esperança e coragem com sua palavra profética e com sua mera presença, tanto numa favela do Rio ou do Recife como no Palácio dos Esportes de Paris, lotado de estudantes, é o mesmo que observa fielmente todas as noites o que ele chama com humor "voto de obediência ao despertador", feito no retiro de preparação para o diaconato: levantar-se no meio da noite, das 2 às 4 da madrugada, para orar. Comentários análogos poderiam ser feitos sobre Charles de Foucauld, Madeleine Delbrêl, Egídio van Broeckenhoven, Teresa de Calcutá, Pedro Arrupe, Pedro Casaldáliga etc.

3. Contemplativos na ação

A vida desses cristãos que oram e contemplam longamente, e que são ao mesmo tempo superativos, confirma a verdade da afirmação freqüentemente repetida por K. Rahner: "O cristão de amanhã, ou será um místico, ou não será mais cristão".

A prática da contemplação dos mistérios da vida de Cristo desfaz, não com discussões teóricas, mas pelos frutos que ela produz no serviço apostólico, o mal-entendido de conceber a contemplação como oposta e contrária à ação, e mesmo como alienação. Para mostrar que tal oposição não tem fundamento, basta parar um momento e prestar atenção ao comportamento das crianças. Por que as crianças são superativas? Porque são contemplativas, porque têm imaginação. E entre os adultos, não há pessoas mais incansavelmente ativas e mais criativas que os verdadeiros contemplativos, isto é, os místicos. Inácio foi caracterizado por seu companheiro Nadal como *"contemplativo na ação"*. O mesmo está chamado a ser todo aquele que contemplar, segundo o método inaciano, os mistérios da vida de Cristo.

A contemplação não se opõe à ação. Opõe-se, isso sim, à agitação. Uma pessoa contemplativa nunca será uma pessoa agitada. O ativismo é quase sempre um refúgio, ou uma fuga, dos que têm medo de se encontrar consigo mesmos. Porque não se encontraram com seu eu mais profundo, os ativistas são incapazes de encontrar-se com os outros. Em vez de encontros, acontecem desencontros. Ou choques.

Outra fonte do ativismo e da agitação, que está unida à anterior, é a busca ilusória de segurança no "ter" e no "fazer". O "ter" e o "fazer" são certamente "contáveis". Mas aquele para quem o que conta é só o que pode ser contado, medido, contabilizado — sobretudo se for em dinheiro — é incapaz de parar para contemplar gratuitamente, é incapaz de dar valor às pessoas pelo que elas são e não pelo que elas têm ou fazem.

Por uma ou outra razão, todos corremos o risco de agitarnos muito, como Marta, e não querer ou não saber ficar como Maria, na presença de Jesus, ouvindo sua palavra, parados e superativos.

2
A CURA DO CEGO DE JERICÓ (Mc 10,46-52)

PREÂMBULOS PARA A ORAÇÃO

1. A história

Considerando a vivacidade da narração e o realismo dos detalhes, particularmente do comportamento do cego com Jesus e com a multidão, alguns exegetas defendem que a história da cura de Bartimeu tem sua origem no relato de testemunhas oculares.

A cura do cego de Jericó é a última cura realizada por Jesus no evangelho de Marcos. Ela tem lugar quando Jesus sai de Jericó acompanhado de seus discípulos e de um grande número de peregrinos, que vão celebrar a Páscoa em Jerusalém. Para melhor compreensão do texto evangélico sobre o qual vamos orar, julgamos importante chamar a atenção sobre alguns dos temas mais acentuados nele e explicitar um pouco mais seu contexto.

Comecemos pelo *contexto*. O relato serve de transição entre as duas seções da segunda parte do evangelho de Marcos. Na primeira seção (8,27–10,45) encontram-se as narrações da subida de Jesus para Jerusalém na frente dos discípulos, do tríplice anúncio da sua paixão, morte e ressurreição e do ensinamento de Jesus aos discípulos sobre a "necessidade" do sofrimento e do serviço até a morte do Filho do Homem (10,32-45); anúncio e ensinamento que os discípulos, assustados e cegos, não compreendem (cf. 8,31-33; 9,12.30-32; 10,32-45). A segunda seção (11,1–16,8) começa com a entrada de Jesus em Jerusalém e termina com o relato da sua paixão, morte e ressurreição.

Além de servir de transição entre as duas seções da segunda parte do evangelho, o relato da cura do cego de Jericó acentua alguns *temas centrais da teologia de Marcos*, como a fé de Bartimeu e a compaixão de Jesus, o caminho e o seguimento. O tema do caminho é muito acentuado na primeira seção da segunda metade do evangelho de Marcos. "E, no caminho perguntava aos discípulos..." (8,27; cf. também 9,30.33.34; 10,1.17.32.46). No relato do cego de Jericó são também mencionados outros aspectos relacionados com o caminho: caminhada, parada, margem do caminho, seguir no caminho etc. São também enfatizados os temas do discipulado e do seguimento. Logo no início é dito que Jesus, ao sair de Jericó, é acompanhado pelos "seus discípulos" (v. 46); e, no fim, que o cego, depois de recuperar a vista pela sua fé em Jesus, "seguia-o pelo caminho" (v. 52).

2. O cenário

Servindo-nos dos dados do texto evangélico, imaginemos cada uma das cenas do relato, desde o momento da saída da cidade de Jericó até a chegada a Jerusalém. Para imaginar a cena com mais realismo, podem ser úteis algumas informações sobre a cidade de Jericó. Situada num oásis da margem ocidental do vale do Jordão, a 250 metros sob o nível do mar e a 27 km de Jerusalém, a Jericó do Antigo Testamento foi a primeira cidade conquistada por Josué ao entrar na Terra Prometida (Jos 6). Por causa da abundância de água, o lugar já tinha sido habitado oito mil anos antes de Cristo.

Os arqueólogos encontraram restos de muros de pedra, de uma torre e de casas redondas do sétimo milênio antes de Cristo. Segundo o livro dos Juízes, na ocupação por Israel da terra prometida, Jericó não caiu com as armas, mas com o som das trombetas dos sacerdotes e do grito do povo (cf. Jz 6,12-20).

A Jericó do tempo de Jesus tinha sido ampliada com grandes edifícios e luxuosamente ornamentada por Herodes, o Grande, que morreu nela, e por seus sucessores. Herodes construiu um hipódromo, um anfiteatro e uma luxuosa residência de inverno com jardins ornamentais, perto dos famosos bosques de palmeiras e bálsamo. Na cidade havia também um quartel para as forças de ocupação dos procuradores romanos.

3. A petição

Peçamos que nos seja concedida a graça de encontrar Jesus no caminho de nossa vida, de ver Jesus, de ver o mundo com olhos novos e de seguir Jesus pelo caminho. Para alcançar essas graças, devemos considerar-nos como cegos e mendigos na beira do caminho por onde passa Jesus e pedir-lhe: "Jesus, Filho de Davi, tem compaixão de mim!". E depois de ouvir como dirigida a nós a pergunta que ele fez a Bartimeu: "Que quer que eu faça por você?", devemos responder a ela como respondeu o cego de Jericó: "Meu Mestre, que eu veja!".

Devemos repetir essas duas súplicas, com uma fé e uma perseverança como as do cego de Jericó, ao longo de todo o tempo de oração. Só pedindo assim seremos curados da nossa cegueira; e, depois de curados, poderemos seguir Jesus.

Pela sua fé, pela sua perseverança na oração e pelo seu seguimento de Jesus, Bartimeu é apresentado como modelo do verdadeiro discípulo. O relato acentua o contraste entre sua situação no começo e no fim. No começo (v. 46) é apresentado como cego, mendigo, parado/sentado, imobilizado, marginalizado, na beira do caminho, na periferia da cidade, distante de Jesus, pedindo aos gritos sua compaixão. No fim (v. 52), depois de haver tido acesso a Jesus, é apresentado como curado, libertado, iluminado, em movimento, seguindo Jesus como discípulo.

O relato da cura do cego de Jericó é especialmente apropriado para ser orado durante o processo da eleição nos *Exercícios Espirituais* de Santo Inácio. Ele mostra, com efeito, com toda clareza, que o caminho concreto que o exercitante deve buscar e encontrar tem de ser, seja qual for sua concretização histórica, o caminho percorrido por Jesus. Jesus dirá também a cada exercitante, como disse a Bartimeu: "O que você quer que eu faça por você?". Mas cada um deve responder pessoalmente a essa pergunta. Deus respeita a liberdade de todos os seus filhos e filhas como respeitou a do cego e mendigo de Jericó.

PONTOS PARA A CONTEMPLAÇÃO

1. O encontro de Bartimeu — cego, mendigo, marginalizado — com Jesus

> [46]*E chegam a Jericó. E quando saía de Jericó com os seus discípulos e uma notável multidão, Bartimeu, o filho de Timeu, um mendigo cego, estava sentado à beira do caminho.* [47]*Tendo ouvido que era Jesus, o Nazareno, começou a gritar dizendo: "Filho de Davi, Jesus, tem compaixão de mim!".*

O encontro do cego Bartimeu com Jesus tem lugar na saída de Jericó, quando Jesus, depois do descanso sabático, inicia a última etapa da subida para Jerusalém acompanhado pelos discípulos e por uma numerosa multidão de peregrinos que vão celebrar a Páscoa.

O relato enfatiza a marginalização do cego. Não tem nome próprio. É simplesmente Bar Timeu, "o filho de Timeu". Por ser cego, está envolvido pelas trevas, como alguém que ainda não nasceu, que ainda não foi dado à luz. Imobilizado pela cegueira, está sentado à beira do caminho, fora da cidade, excluído, marginalizado. Para não morrer de fome, precisa mendigar; sua sobrevivência depende inteiramente da benevolência dos outros, das esmolas que lhe dão. O termo grego usado para indicar sua mendicância significa "alguém que deseja, grita, pede, suplica". Bartimeu pede esmola na beira do caminho que sobe para Jerusalém porque, por ocasião da festa da Páscoa, os judeus observantes sentiam-se particularmente obrigados a praticar a esmola.

Depois de contemplar essa primeira cena, reflitamos sobre nós mesmos. Também nós, antes do encontro com Jesus, temos passado muito tempo da nossa vida numa situação como a de Bartimeu: na beira do caminho, parados, cegos, mendigando. A vida das pessoas que não fizeram a experiência do encontro com Jesus é, como foi a do cego de Jericó antes do seu encontro com o Nazareno, uma vida isolada e marginalizada, sem comunhão, sem horizonte e sem futuro.

Dos três atores do relato: o cego, Jesus e a multidão, Bartimeu é, do começo ao fim do episódio, o que mais fala, o mais ativo. Suas palavras e ações estão sempre, porém, em relação com Jesus. Ao ouvir o barulho da multidão que passa pelo caminho, o cego pergunta o que está acontecendo. Fica então sabendo que "é Jesus, o Nazareno", que sobe para Jerusalém, acompanhado pelos seus discípulos e por uma multidão de admiradores. Bartimeu já tinha ouvido falar da pregação do *Rabbi* de Nazaré e das muitas curas de doentes que ele tinha feito. Por isso, a informação recebida foi suficiente para ele começar a gritar: "Filho de Davi, Jesus, tem piedade de mim!". O cego não pode vê-lo com os olhos, mas pode atingi-lo com a voz.

Bartimeu dirige-se a Jesus chamando-o pelo nome, que significa "Javé salva", e pede que tenha compaixão dele invocando-o com o título messiânico "Filho de Davi". Pede-lhe que o "cure/salve", realizando o que seu nome significa. Bartimeu entra numa relação pessoal de fé e de confiança com Jesus. O título messiânico "Filho de Davi", com o qual o cego de Jericó suplica a Jesus de Nazaré que o cure, aparece só aqui, nos vv. 47 e 48, em todo o evangelho de Marcos. Ele resume todas as esperanças do povo de Israel. O "Filho de Davi" do fim dos tempos seria um Messias compassivo, que traria a salvação para todo o povo de Israel, especialmente para os mais necessitados de salvação: os pobres, os doentes, todos os excluídos. O cego na beira do caminho implora que essa compaixão e essa misericórdia sejam exercidas por Jesus sobre ele.

Não deixa de ser significativo que o nome de Jesus seja repetido seis vezes no relato. Invocando o nome de Jesus também nós seremos curados de nossas cegueiras, de nossas carências, de nossa imobilização, de nosso isolamento. Peçamos ao Senhor que nos conceda a graça de crer, como criam os cristãos das primeiras comunidades, na força salvadora do nome do Senhor Jesus. Eis alguns textos que afirmam esse seu poder salvífico, e que podem nos ajudar para aumentar nossa fé nesse poder: Invocando o nome de Jesus, somos salvos (Rm 10,13). O nome de Jesus é o único "sob o céu pelo que podemos ser salvos" (At 4,12). A salvação é oferecida a todos os que o invocarem com fé: "E todo aquele que invocar o nome do Senhor será salvo" (At 2,21).

A invocação "Tem piedade de mim" (*eléeson me*) aparece só aqui em todo o evangelho de Marcos. Ela é um eco da invocação *Kyrie eleison,* usada pelas comunidades cristãs palestinas do tempo em que foi escrito o primeiro evangelho para dirigir-se a Jesus. A misericórdia de Deus, que pertence ao âmago mesmo da Revelação, é expressa em hebraico pelas palavras *hesed* e *rahamin*, que significam a fidelidade totalmente segura e ativa, o amor materno, visceral de Deus. Peçamos que nos seja concedida a graça de crer nessa misericórdia e de praticá-la como a praticou Jesus.

Depois de contemplar a cena, reflitamos sobre nós mesmos. Peçamos que nos seja dada uma fé como a de Bartimeu, uma fé que pede aos gritos a libertação da cegueira, da pobreza, da exclusão. Só a percepção de que Jesus está passando pelos caminhos de nossa vida e a fé de que só ele tem o poder de nos curar podem mudar nossa vida. Se dirigirmos nossa súplica a Jesus, com perseverança e confiança, ela nos libertará das situações de cegueira, de pobreza e de marginalização em que nos encontrarmos.

Para que isso aconteça é necessário, porém, que reconheçamos nossa situação de perdição e expressemos, aos gritos, se for o caso, nosso desejo de sair dela; é necessário que saia do mais fundo do nosso coração e dos nossos pulmões, como saiu do coração e dos pulmões de Bartimeu, o pedido de compaixão dirigido a Jesus. A oração de Bartimeu é expressão, ao mesmo tempo, da sua impotência, do seu sofrimento e da sua fé. O grito suplicante do filho de Timeu suscitou a compaixão de Jesus e fez cair o muro da sua cegueira como o som das trombetas dos sacerdotes e os gritos do povo tinham feito cair os muros da velha Jericó.

2. Apesar da repreensão da multidão, Bartimeu continuou suplicando

> [48] *E muitos o repreendiam para que calasse. Ele, porém, gritava mais ainda: "Filho de Davi, tem compaixão de mim!".*

Os gritos do cego pedindo ao "Filho de Davi" que tenha compaixão dele molestam os que acompanham Jesus. Muitos o repreendem e lhe ordenam que cale a boca. Os integrantes do cortejo dizem ao mendigo cego, que está na sarjeta da periferia, que fique no seu lugar, que fique quietinho no seu cantinho de marginalizado, e que não perturbe a ordem. Ao filho de Timeu, cego e mendigo, só é permitido ser objeto do olhar e, eventualmente, da compaixão dos outros; não lhe é consentido tomar iniciativas para sair de seu lugar.

O tema da repreensão e da censura praticadas pelas pessoas que rodeiam Jesus, revelando assim que elas não compreendiam o valor dos comportamentos valorizados por Jesus, aparece repetidas vezes no evangelho de Marcos. Além dessa cena, na qual muitos repreendem o cego Bartimeu e lhe ordenam que cale, poderíamos citar a cena em que Pedro censurou Jesus depois do primeiro anúncio da Paixão (8,32) e a cena em que os discípulos ralham com as pessoas que levam as crianças até Jesus para ser abençoadas por ele (10,13).

Bartimeu, porém, apesar da rejeição dos que fazem parte do cortejo, continua implorando a compaixão de Jesus sobre ele. Não só não cala, mas grita "mais ainda". O comportamento do cego revela a força de seus desejos. Pede o que precisa para viver uma vida humana. Sua oração é uma oração confiante e insistente, uma oração aos gritos, porque o cego sabe que o que pede só pode ser recebido como dom. Bartimeu crê que Jesus, que nesse momento está passando pelo caminho onde ele está pedindo esmola, tem o poder de curá-lo. E não quer de jeito nenhum perder essa oportunidade. O filho de Timeu não começou a crer depois de ser curado, mas foi curado porque creu. A cura foi conseqüência de sua fé, não a causa da fé.

A forma do verbo no imperfeito: "gritava mais ainda", expressa a intensidade e a continuidade de sua súplica. Ele sabe que o "Filho de Davi" pode libertá-lo de sua cegueira. E usa de todos os meios ao seu alcance para aproveitar essa chance única. A passagem de Jesus pelo seu caminho vai mudar o rumo, o horizonte e o sentido de sua vida, vai acabar com o seu sofrimento e com a sua escravidão. Porque é consciente de tudo isso, Bartimeu joga fora os grilhões do medo, da rotina e da acomodação que o mantinham escravo e pede a Jesus, aos gritos, que tenha compaixão dele. A fé no poder e na bondade de Jesus é a que lhe dá forças para perseverar no pedido apesar da rejeição da multidão.

O comportamento do cego de Jericó mostra a força e a perseverança da sua fé. Superando todas as barreiras e todos os obstáculos postos pelos outros, consegue fazer-se ouvir por Jesus, aproximar-se dele, ficar diante dele e falar com ele. O milagre da iluminação só é operado em quem tem uma fé assim. E uma fé assim é a que habita a oração dos pobres. Como a respiração, como as batidas do coração, a oração do pobre, para ele não morrer, não pode parar.

Para que as pessoas possam ser libertadas do medo, da dependência, da cegueira, da escravidão em que se encontram, precisam expressar o que desejam. Para serem curadas, é necessário que queiram ser curadas, e que o digam. Todo psicoterapeuta sabe que a cura acontece quando o enfermo (*infirmus*, isto é, o fraco, o debilitado), o doente (*dolens*, isto é, o que sente dor), o paciente (*patiens*, isto é, o que padece, o que sofre), vencendo a resistência de manifestar sua angústia, consegue expressar seu desejo mais profundo — desejo que, justamente por causa de sua profundidade, nunca é totalmente destruído — de viver de maneira mais livre e mais plena. Quando o paciente consegue *ver* sua doença/cegueira/escravidão, e expressar seu desejo de sair dela, já deu uma virada decisiva no rumo da sua vida, pois já tomou uma decisão como pessoa livre, já mostrou que é capaz de tomar decisões sobre sua própria vida.

Quando pedimos ao Senhor, com uma fé que nos faz gritar, que tenha compaixão de nós, que nos cure, que nos faça ver, que nos liberte, essa fé, manifestada desse modo, poderá resultar incômoda, intolerável até, para muitos. De uma ou de outra forma, os incomodados nos mandarão calar. Mas se tivermos a fé de Bartimeu, continuaremos pedindo ao Senhor que tenha compaixão de nós, gritaremos "mais ainda". E, se pedirmos com a fé de Bartimeu, Jesus reagirá aos nossos pedidos como reagiu ao dele: curando-nos pela fé.

3. Jesus manda chamar o cego

[49]Detendo-se, Jesus disse: "Chamem-no!" Chamaram o cego, dizendo-lhe: "Coragem! Levanta-te. Ele te chama".

A parada de Jesus no caminho, paradoxalmente, vai pôr fim à imobilidade, à incomunicação e à marginalização de Bartimeu, tornando possível seu acesso a Jesus e sua iluminação. O evangelista expressa a ordem dada por Jesus com uma única palavra: *"Chamem-no!"*. Para Jesus o cego que mendiga na beira do caminho é mais importante que todo o cortejo que o acompanha na subida para Jerusalém para celebrar a Páscoa. Para Jesus é mais importante ouvir, prestar atenção ao sofrimento de uma pessoa que ouvir as aclamações de uma multidão. Jesus ouve o pedido de Bartimeu e faz questão de que todos fiquem sabendo que ele quer ouvi-lo e atender ao seu pedido de ser curado. Assim reage Jesus à atitude dura e agressiva dos discípulos e da multidão com relação ao pedido feito pelo cego.

O grito de Bartimeu que comoveu o coração de Jesus, o Filho de Davi, e o fez parar no caminho, é a antecipação do grito de tantos pecadores, pobres e doentes que também experimentaram, no próprio coração e na própria carne, a misericórdia e a ternura de Jesus Cristo, o Enviado do Pai para sarar, libertar, salvar. O poder de Deus revelou-se em Jesus de Nazaré, não operando portentos e derrotando os inimigos com as armas de exércitos, mas nos gestos de misericórdia e compaixão para com os marginalizados, sofredores e desesperançados.

A ordem dada por Jesus muda radicalmente os sentimentos, as atitudes e o comportamento dos que o acompanham com relação ao cego: passam de adversários a amigos, de obstáculos a mediadores. Na primeira vez que entram em cena, a intervenção dos que rodeiam Jesus é objetiva e neutra; respondem ao pedido de informação do cego dizendo-lhe: "É Jesus, o Nazareno" (v. 47a). A atitude na segunda vez é hostil, repreendendo o cego e mandando-o calar (v. 48a). Depois da ordem de chamá-lo, dada por Jesus, os que acompanham Jesus, em vez de repreendê-lo e proibir-lhe de pedir para ser curado, aproximam-se de Bartimeu, tornam-se solícitos e carinhosos para com ele, apóiam-no e encorajam-no dizendo-lhe: *"Coragem! Ele te chama. Levanta-te"*.

Detenhamo-nos na contemplação dessa cena e dos personagens que nela atuam. Contemplemos, em primeiro lugar, a pessoa de Jesus; mais particularmente, sua reação, com gestos e palavras, à súplica de Bartimeu. O Filho de Davi está subindo para Jerusalém para levar a termo sua missão messiânica, mas interrompe sua caminhada para atender ao pedido de Bartimeu. O filho de Timeu, cego, mendigo, marginalizado, é o mais importante para Jesus nesse momento.

Depois de contemplar a cena, reflitamos também sobre a mudança de comportamento de muitos dos que acompanham Jesus pelo caminho. O gesto de compaixão e de comunhão de Jesus com o cego-mendigo-excluído suscita gestos semelhantes nos que o acompanham. A prática da misericórdia não só salva os perdidos, mas converte os que dela são testemunhas, movendo-os a participar também eles da prática da misericórdia.

4. Bartimeu vai ao encontro de Jesus e dialoga com ele

Bartimeu vai ao encontro de Jesus

⁵⁰E ele, jogando fora sua veste, deu um pulo e foi até Jesus.

A reação do cego ao chamado foi sair correndo ao encontro de Jesus, jogando fora o manto, isto é, deixando para trás tudo o que tinha. Liberado da única coisa que o mantinha preso àquele lugar, Bartimeu sai pulando — que é o modo de correr dos cegos — para ir ao encontro de Jesus. Segundo a lei de Moisés, o manto do pobre não lhe pode ser tomado por ninguém, nem sequer pelos credores (cf. Ex 22,25-26; Dt 24,12-13), porque para os pobres o manto era tudo: vestido, coberta, cama, casa; e também meio de subsistência, pois no manto, estendido no chão, eram jogadas as esmolas dadas pelos viandantes.

O gesto de Bartimeu, mendigo e cego, ao ser chamado por Jesus, simboliza a ruptura com seu passado, com a vida de escuridão e de mendicância que tinha vivido até então. Jesus passa a ser, doravante, o sentido, o fundamento e a segurança de sua vida. A conduta do cego de Jericó nos mostra que na resposta ao chamamento de Jesus não pode haver dúvidas nem demoras, que o despojamento para segui-lo tem de ser total (cf. a vocação dos primeiros discípulos em 1,18.20).

Bartimeu, que momentos antes, quando Jesus passou pelo caminho onde ele pedia esmola, aos gritos suplicava que tivesse compaixão dele; agora, diante de Jesus, fica em silêncio. Detenhamo-nos na contemplação da cena. Os dois estão face a face. Ouçamos o silêncio, carregado de mistério, antes de Jesus começar a falar. Bartimeu, cego, mendigo e marginalizado até esse momento, encontra-se agora diante de Jesus. O cego está diante daquele que é a Luz do mundo, o mendigo está diante daquele que é o Pão da vida eterna. Estar diante de Jesus é estar diante da epifania do amor de Deus, da compaixão de Deus feita carne, da comunhão oferecida.

Diante de Jesus, reflitamos também nós sobre nossa situação, nossas carências, nossos desejos. O que aconteceu com Bartimeu acontecerá também conosco se confiarmos e crermos como ele confiou e creu; se pedirmos a luz, a cura, a salvação de que precisamos, como ele as pediu: com uma fé total e com uma perseverança que venceu todos os obstáculos.

O diálogo de Jesus com Bartimeu

51Então Jesus lhe disse: "Que queres que eu te faça?" O cego respondeu: "Rabbuni! [isto é, "Meu Mestre!"] Que eu veja novamente!".

Jesus é quem fala primeiro. E a pergunta que faz ao cego de Jericó é uma pergunta decisiva. Ela foi transmitida por Marcos para que pudesse ser ouvida e respondida por todos os cristãos; e, particularmente, por mim. A pergunta: "Que queres que eu te faça?", expressa a abertura total do dom. Estando diante dele, Jesus deixa Bartimeu inteiramente livre para pedir o que quiser.

Em Jesus, o Messias de Nazaré, Deus vem ao nosso encontro e põe-se a serviço de nossas necessidades, de nossas carências, de nossos desejos. Ele toma a iniciativa de perguntar, mas deixa conosco a liberdade de formular o que queremos pedir. Jesus respeita a vontade de Bartimeu até o ponto de não fazer nada antes de ouvir seus desejos. O texto evangélico nos mostra Jesus, o Messias esperado por séculos e séculos, parado na beira do caminho que sobe de Jericó para Jerusalém, esperando que Bartimeu, cego e mendigo, expresse o que ele quer. Incrível! A concretização do poder de Deus é vinculada pelo próprio Deus à realização dos nossos desejos. Diante do mistério do respeito de Deus pela nossa liberdade, adoremos os caminhos insondáveis do seu amor por nós.

No momento em que ficou em silêncio depois de ouvir a pergunta de Jesus, Bartimeu evocou o tempo de sua infância, os anos, agora tão longínquos, em que via perfeitamente, os anos em que foi feliz com a alegria das crianças, correndo, subindo nas árvores para apanhar frutas, descobrindo os ninhos dos passarinhos, tomando banho no rio com os outros meninos. Depois, evocou a dor e a angústia insuportáveis dos anos em que sua vista foi ficando embaçada; e, ao perder a vista, foi ficando isolado e marginalizado, passando a viver na beira do caminho, como um amaldiçoado.

A pedagogia de Jesus é tão atual hoje como nas vésperas daquela Páscoa no início dos anos 30. As carências, as doenças das pessoas só são verdadeiramente curadas, só são curadas até as raízes, quando são curadas a partir de dentro, com a participação do doente. Elas não podem ser curadas somente de fora, externamente. A melhor ajuda que pode ser prestada aos que sofrem com qualquer forma de dor, é fazer com que eles próprios queiram ser curados, que lhes sejam dados os meios para serem verdadeiramente libertados das doenças que os mantinham escravizados até esse momento.

A resposta de Bartimeu à pergunta de Jesus é: "Meu Mestre, que eu veja". Depois da súplica genérica do primeiro pedido:

"Tem piedade de mim!", o cego faz agora, com a mesma humildade e confiança, o pedido explícito de ser curado de sua cegueira. Pede uma vida nova, um renascimento, um nascer de novo para a relação com os outros no mesmo nível dos outros. Sua fé, sua confiança em Jesus move-o a pedir o aparentemente impossível. Ele crê que Jesus é capaz de libertá-lo da cegueira e das formas de escravidão vinculadas a ela.

Rabbuni, a palavra com que Bartimeu se dirigiu a Jesus, é a forma enfática de *Rabbi*, e significa "Meu Mestre". Expressa ao mesmo tempo veneração e intimidade, o respeito e o afeto do discípulo para com seu mestre. Bartimeu, que no início do relato chama Jesus de Nazaré pelo próprio nome, "Jesus", e com o título "Filho de Davi", agora, no diálogo face a face, chama-o de "Meu Mestre". A relação dos discípulos de Jesus com seu Mestre não é nunca distante. Não é uma relação de conhecimento teórico, abstrato, conceitual, mas uma relação de conhecimento concreto, interpessoal, existencial. Jesus é o *meu* Mestre.

Depois de ter contemplado longamente a cena, dediquemos um tempo para "refletir sobre nós mesmos". Só o encontro pessoal com Jesus, dinamizado pela fé, pode fazer com que vejamos. Todos temos motivos para fazer esse pedido. Estamos cegos diante de tantos acontecimentos, necessidades, tarefas, valores. Pensemos em alguma "cegueira", "impotência", "dependência", que nos impede de viver mais plenamente, e peçamos a Jesus de Nazaré, o "Filho de Davi", o verdadeiro e único "Mestre", ao qual podemos e devemos chamar de "Meu Mestre", que nos cure.

5. Curado pela fé, Bartimeu seguiu Jesus

[52]Jesus lhe disse: "Vai, a tua fé te curou". No mesmo instante ele recuperou a vista e seguia-o pelo caminho.

Bartimeu é curado pela fé

A fé de Bartimeu dinamiza todo o relato. No início, o cego expressa sua fé pedindo a Jesus, aos gritos, que tenha compaixão dele. Enfrentando todos os obstáculos, continua pedindo a Jesus que tenha compaixão dele e o cure. Vendo sua fé, Jesus manda chamá-lo. Diante de Jesus, o cego responde à pergunta feita por Jesus pedindo-lhe que o faça ver de novo. Respondendo ao pedido de Bartimeu, Jesus lhe diz: "Vai, a tua fé te curou!".

O cego de Jericó foi curado porque acreditou no poder e na compaixão de Jesus para com ele. O tema da relação entre a fé e a cura aparece freqüentemente em Marcos (cf. 2,5; 5,25-34.35-36; 6,5-6; 9,23-24). Quem o curou foi Jesus. Curou-o, porém, sem fazer nenhum gesto, porque o cego pediu sua cura com uma fé a toda prova. O mesmo tinha acontecido com o paralítico de Cafarnaum (2,1-12), com a mulher que tocara com fé o manto de Jesus (cf. 5,25-34) e com a filha do chefe da sinagoga (5,35-36).

Após ter contemplado devagar essa cena da última cura do evangelho de Marcos, reflitamos sobre nós mesmos. Se depois de nos encontrarmos com Jesus continuamos cegos, praticando, de uma ou de outra forma, a mendicância, isolados e marginalizados, é porque não confiamos verdadeiramente no poder de Jesus para curar-nos e não lhe pedimos, com uma fé como a de Bartimeu, que nos cure. Assim como devolveu a vista a Bartimeu, que seguiu Jesus no caminho para Jerusalém, Jesus pôde também dar aos seus discípulos a visão espiritual sobre a "necessidade" da paixão e da cruz.

Bartimeu segue Jesus

Depois de curado de sua cegueira, Jesus diz a Bartimeu: "Vai". Após devolver-lhe a vista, Jesus libera-o para percorrer livremente os caminhos que ele quiser. Com a luz dos olhos, Jesus dá a Bartimeu autonomia para percorrer os caminhos que desejar. Não o chama para que o siga como fez com os primeiros discípulos e com o homem rico. A recuperação da vista é um dom gratuito, não exige um preço a ser pago.

Bartimeu, porém, depois de recuperar a vista, não obedece à ordem de Jesus de ir embora. Não se afasta de Jesus, mas permanece junto a ele, seguindo-o pelo caminho. A iniciativa de seguir Jesus é de Bartimeu, como tinha sido dele a iniciativa de implorar, aos gritos, a sua misericórdia. Seguindo a lógica da fé até o fim, depois de ter sido iluminado e libertado dos grilhões que o mantinham preso na beira do caminho na periferia de Jericó, agora segue Jesus pelo caminho que sobe para Jerusalém. A mesma fé que o fez ver move-o agora para seguir Jesus. Foi tão profundamente atingido pelo comportamento do Mestre para com ele que, depois de curado, faz a opção de partilhar da vida e do destino dele. Agora que pode seguir Jesus, não quer separar-se dele.

A frase, "... seguia-o pelo caminho" expressa mobilidade e proximidade. Depois da experiência do encontro com Jesus, Bartimeu passou da imobilidade ao movimento, da exclusão à inclusão, do afastamento à proximidade. O verbo está no "imperfeito durativo" para expressar a duração prolongada do seguimento de Bartimeu, um seguimento que se prolonga no tempo. A graça que lhe foi concedida é tão grande que sua relação com Jesus, com o Jesus que o curou, tem de ter continuidade.

O verbo "seguir" (*akolouthein*) — usado 19 vezes no evangelho de Marcos, dez delas vinculado ao pronome pessoal "ele", isto é, a Jesus — já tinha sido usado por Jesus em 8,34 e 10,21 para explicar aos discípulos que deviam segui-lo pelo caminho da sua missão messiânica, isto é, pelo caminho do sofrimento, da morte e da cruz. A figura e o comportamento do cego de Jericó são apresentados por Marcos em contraposição ao comportamento dos discípulos, os quais, vendo com os olhos carnais, estavam cegos para compreender o caminho de Jesus e segui-lo por esse caminho.

Bartimeu segue Jesus pelo caminho que sobe para Jerusalém e que o conduzirá até o Gólgota, onde será crucificado. A vida de Jesus, porém, não terminará com a morte na cruz e com a sepultura, mas será glorificada para sempre com a ressurreição, que é a vitória sobre a morte. O tema do seguimento de Jesus até a cruz é central no evangelho de Marcos. Não basta reconhecer Jesus como Messias. É também necessário segui-lo aceitando o escândalo da cruz (8,31-33).

O cego de Jericó é apresentado como modelo de discípulo, não só pela sua fé, mas também pela sua disposição de seguir Jesus até as últimas conseqüências.

REFERÊNCIAS BIBLIOGRÁFICAS

Bravo, C. *Galiléia ano 30. Para ler o Evangelho de Marcos*. Ed. Paulinas, São Paulo, 1996, pp. 117-119.

Douglas, J. D. (Ed.), *O Novo Dicionário da Bíblia*, São Paulo, 1983, vol. II, verbete "Jericó", pp. 800-803.

Drewermann, E. *Das Markusevangelium. Zweiter Teil: Mk 9,14 bis 16,20*, Walpter Verlag, Solothurn — Düsseldorf, ^{5}1994, pp. 148-165.

Dupont, J. "L'aveugle de Jéricho recouvre la vue et suit Jésus (Marc 10,46-52), in *Études sur les Évangiles synoptiques*, vol. I, Leuven University Press, Louvain, 1985, pp. 350-367.

Fabris, R. *O Evangelho de Marcos. Tradução e comentários*, in G. Barbaglio - R. Fabris - B. Maggioni, *Os Evangelhos, I*. Ed. Loyola, São Paulo, 1990, pp. 539-540.

Fausti, S. *Ricorda e racconta il Vangelo. La catechesi narrativa di Marco*. Ed. Àncora, Milano, 1994, pp. 342-349.

Gnilka, J. *El Evangelio según Marcos*, II, Ed. Sígueme, Salamanca, 1986, pp. 125-131.

JOHNSON JR, E. S. "Mark 10:46-52: Blind Bartimaeus", *CBQ* 40 (1978) 191-204.

LENTZEN-DEIS, F. *El evangelio de San Marcos: Modelo de nueva evangelización*, Consejo Episcopal Latinoamericano, Santafé de Bogotá, 1994, pp. 388-392.

MATEOS J. – CAMACHO, F. *Marcos. Texto y comentario*. Ed. El Almendro, Córdoba/Madrid, 1994, pp. 194-196.

PAUL, A. "Guérison de Bartimée (Marc 10,46-52), *AssSeigneur,* n° 61, 1972, 44-52; retomado in *Parcours évangelique. Perspectives nouvelles,* Cerf, Paris 1973, pp. 56-66.

PESCH, R. *Il vangelo di Marco. Parte Seconda,* Paideia Editrice, Brescia, 1982, pp. 257-268.

RADERMAKERS, J. *La bonne nouvelle de Jésus selon saint Marc.* 2. Lecture continue, IET, Bruxelles 1974, 271-272, 281, 303.

ROBBINS, VERNON, K. "The Healing of Blind Bartimaeus (10,46-52) in the Marcan Theology", *JBL* 92 (1973) 224-243.

SCHMID, J. *Das Evangelium nach Markus,* Regensburg, [4]1958, pp. 203-204.

SCHWEIZER, E. *Das Evangelium nach Markus,* Göttingen, 1967, pp. 127-128.

TAYLOR, V. *The Gospel according to St. Mark,* Macmillan Press, London, [11]1977, pp. 446-449.

TRILLING, W. "Les signes des temps messianiques (Marc 10,46-52), in *L'Annonce du Christ dans les évangiles synoptiques* (LD, 69), Paris, 1971, pp. 145-163.

3

O ENCONTRO DO RESSUSCITADO COM MARIA MADALENA (Jo 20,1-2.11-18)

OBSERVAÇÕES INTRODUTÓRIAS

O Quarto Evangelho recolhe os temas transmitidos pela tradição sinótica; apresenta-os, porém, na ótica de sua teologia própria. O evangelista quer mostrar, já no início do capítulo 20, que o corpo de Jesus não foi roubado por ladrões de túmulos, mas que o Senhor ressuscitou verdadeiramente, que sua ressurreição é uma realidade e não uma alucinação. Os relatos das aparições do Ressuscitado aos discípulos mostram também as características e as etapas do itinerário da fé pascal e os obstáculos que têm de ser superados: a tristeza, o medo, a dúvida, a incompreensão. Só depois de superados esses obstáculos, é possível fazer a profissão de fé no Ressuscitado.

Um dos traços característicos do itinerário da fé pascal é a relação entre "ver" e "crer". Essa relação é especialmente acentuada nos quatro relatos do capítulo 20. O "outro discípulo", o discípulo que foi com Pedro ao sepulcro, "viu e creu" (v. 8). Na conclusão do segundo relato, Maria Madalena proclama: "Eu vi o Senhor" (v. 18). No relato da aparição aos Apóstolos, estando ausente Tomé, é afirmado que "os discípulos se alegraram ao ver o Senhor" (v. 20); e depois de terem visto o Senhor, dizem a Tomé: "Vimos o Senhor" (v. 25). No fim da segunda aparição aos Apóstolos reunidos, estando presente Tomé, a relação entre "ver" e "crer" é apresentada na forma de uma bem-aventurança proclamada pelo Ressuscitado: "Bem-aventurados os que, sem ver, creram" (v. 29). Nos quatro relatos são enfatizadas mais duas características essenciais da fé cristã: a dimensão pessoal e a dimensão comunitária.

A fé cristã crê que o Jesus ressuscitado que se manifestou aos discípulos é o mesmo Jesus com o qual eles conviveram antes de ser crucificado, morto e sepultado. As formas de relação do Ressuscitado com os discípulos e dos discípulos com ele são, porém, novas porque Jesus Cristo, depois da ressurreição, vive uma nova forma de existência.

Levando em consideração a riqueza do relato evangélico que vamos contemplar, apresentaremos a matéria em duas partes. Na primeira contemplaremos as cenas, narradas nos vv. 1-2 e 11-15, em que Maria Madalena procura o cadáver de Jesus, mas não o encontra. Na segunda parte contemplaremos as cenas do reconhecimento de Jesus por Madalena e da missão que o Ressuscitado lhe dá, narradas nos vv. 16-18.

PREÂMBULOS PARA A ORAÇÃO

1. A história

A "história" que vamos contemplar começa com a visita de Maria Madalena ao sepulcro, na madrugada de sábado (20,1-2.11), chega ao seu ápice no momento em que ela reconhece o Ressuscitado (v. 16) e termina com a missão, dada por Jesus, de anunciar aos discípulos o que ela viu e ouviu (vv. 17 e 18).

2. O cenário e os personagens

Procuremos ver, "com os olhos da imaginação", o "cenário" no qual atuam os personagens: Maria Madalena, Pedro, João, os anjos, o Ressuscitado e os outros discípulos, nos distintos momentos do relato. Detenhamo-nos, sobretudo, na contemplação dos dois personagens centrais: Maria de Mágdala e o Ressuscitado.

Até o século X, a figura da Madalena era vista pelos autores monásticos como "a enamorada de Deus"; como aquela que, depois de ter sido libertada dos demônios, tinha sido inteiramente possuída por Deus. Só a partir do século XII passou a ser vista como "a pecadora". O Quarto Evangelho nunca diz que Maria Madalena era pecadora. Apoiando-se em Marcos, segundo o qual o Ressuscitado "apareceu primeiro a Maria Madalena, de quem havia expulsado sete demônios" (Mc 16,9), Lucas diz que Madalena seguiu Jesus depois que dela "haviam saído sete demônios" (Lc 8,2). Antes, porém, de nomear Maria Madalena, Lucas fala do grupo de mulheres seguidoras de Jesus, "que haviam sido curadas de espíritos malignos e doenças" (Lc 8,2), e que serviam "com seus bens" o grupo dos discípulos. Além de Maria de Mágdala, faziam parte desse grupo "Joana, mulher de Cuza, um alto funcionário de Herodes, Suzana e várias outras" (Lc 8,3).

3. A graça a ser pedida

Peçamos, em primeiro lugar, que nos seja dada a graça de fazer uma experiência tão profunda do encontro pessoal com Jesus Cristo que, como Maria Madalena, não possamos mais viver sem ele.

Peçamos também a graça de percorrer o itinerário da fé pascal, a graça de passar da tristeza causada em nós pela ausência de Jesus para a alegria trazida pelo encontro com o Ressuscitado. Se nos for dado o dom da alegria, da alegria verdadeira, dom que só poderemos receber ao fazer a experiência do encontro com o Ressuscitado, experimentaremos algo da realidade do mundo novo em que ele vive, mundo para o qual também nós estamos destinados.

Peçamos ainda que os nossos olhos sejam iluminados pela luz da fé pascal. Se formos assim iluminados, veremos o mundo, as pessoas e os acontecimentos com olhos novos e saberemos discernir os sinais da presença do Ressuscitado na nossa história pessoal e na história da humanidade.

Peçamos, finalmente, que depois de ter feito a experiência do encontro pessoal com Jesus Cristo ressuscitado, a partir dessa experiência o anunciemos como Senhor e Salvador do mundo aos que ainda não o conhecem nem fizeram a experiência do encontro pessoal com ele.

PONTOS PARA A CONTEMPLAÇÃO DA PRIMEIRA PARTE

1. Maria Madalena vai ao sepulcro e encontra-o vazio

¹ No primeiro dia da semana, Maria Madalena vai ao sepulcro, de madrugada, quando ainda estava escuro e vê que a pedra fora retirada do sepulcro. ² Corre então e vai a Simão Pedro e ao outro discípulo que Jesus amava e lhes diz: "Retiraram o Senhor do sepulcro e não sabemos onde o colocaram".

Maria Madalena vai ao sepulcro ...

Na primeira frase do relato: "No primeiro dia da semana", podemos ver uma alusão à "nova criação", que irrompe na nossa história com a ressurreição de Jesus. Os Evangelhos apresentam a ressurreição como uma novidade radical com relação a toda a história passada de Israel, mas não como uma ruptura com essa história. O que para os judeus é o primeiro dia depois do Sábado, para os cristãos é "o primeiro dia da semana", porque é o dia da ressurreição do Senhor, "o dia do Senhor", o Domingo (*dies dominica*). Segundo o Novo Testamento, é nesse dia que os cristãos se reúnem para celebrar o memorial da morte e ressurreição do Senhor (cf. 1Cor 10,2; At 20,7; Ap 1,10).

Ao contrário dos relatos da tradição sinótica (cf. Mc 16,1-8; Mt 28,1-10; Lc 24,1-12), João diz que Madalena vai ao sepulcro sozinha. Assim como no dia da crucifixão tinha permanecido ao pé da cruz até o fim (Jo 19,25), movida pelo mesmo amor e pela mesma fidelidade, "no primeiro dia da semana", antes de o sol nascer, Maria de Mágdala volta ao lugar onde Jesus tinha sido crucificado e sepultado (Jo 19,41-42). Segundo os sinópticos, as mulheres vão ao sepulcro de madrugada para ungir o cadáver de Jesus (Mc 16,1). Segundo Jo 19,39-40, o corpo de Jesus morto já tinha sido preparado para a sepultura por Nicodemos e José de Arimatéia. Maria de Mágdala vai ao sepulcro, portanto, não para ungir o cadáver de Jesus, mas porque não conseguia estar longe do corpo morto do seu Mestre.

"Vai ao sepulcro de madrugada, quando ainda estava escuro...." A escuridão que envolve o mundo, enfatizada no texto, é um símbolo do estado interior da Madalena, das trevas que a habitam e que a envolvem. Com a morte de Jesus, que era a luz de sua vida, Maria de Mágdala perde o sentido e a alegria de viver. Porque não consegue mais repousar depois da morte de Jesus, sai "quando ainda estava escuro", para visitar o lugar onde seu amado Mestre tinha sido sepultado.

No coração da Madalena — que havia sido sujado, ferido e pisado por tantos homens e desprezado por tantas mulheres — o respeito e o carinho de Jesus para com ela tinham feito nascer um amor absolutamente novo; um amor novo num coração novo, um amor puro e belo como os lírios dos campos, livre e feliz como os pássaros do céu, imenso como o mundo. Jesus, que a tinha libertado "de sete demônios" (Mc 16,9; Lc 8,2), tinha-lhe devolvido a consciência de sua dignidade. Seu encontro com Jesus tinha sido a porta para o encontro consigo mesma, a luz que tinha iluminado sua vida, a fonte inexaurível de sua felicidade e de sua paz. Depois de tanta felicidade acumulada, o inimaginável tinha acontecido. Jesus, seu libertador e seu Mestre, estava morto e enterrado.

Essa era a razão pela qual Maria de Mágdala estava irremediavelmente desolada. Contudo, não obstante todo esse sofrimento, o tesouro com o qual Jesus a tinha agraciado: o dom de amar e ser amada, o dom de voltar a viver e a amar a vida, esse tesouro ninguém lho poderia jamais roubar. O amor verdadeiro, o amor que tem sua origem em Deus, é assim, age assim, e ninguém consegue destruí-lo. Nem mesmo a morte, porque ele é mais forte que a morte.

... e encontra-o vazio

Quando chega ao sepulcro, Maria vê, horrorizada, que a pedra tinha sido retirada e, mais espantoso ainda, que o sepulcro está vazio. Depois de terem crucificado aquele que, quando ela não era mais do que um cadáver ambulante, tinha-lhe devolvido a alegria de viver e a felicidade de sentir-se amada e de amar, agora alguém tinha roubado seu cadáver.

O que deveria ser motivo de esperança e de alegria foi para Maria Madalena motivo de uma desolação total. Se ela soubesse ler com os olhos da fé os sinais que viu no sepulcro, deduziria que Jesus não tinha sido feito prisioneiro da morte, como todos os que morreram antes dele. O fato de a pedra que fechava o sepulcro ter sido retirada era um sinal de que não existia mais um abismo intransponível entre Jesus morto e o mundo dos vivos, a lousa sepulcral não separava mais Jesus dos seus discípulos, a comunhão com ele podia, portanto, ser restaurada.

A descoberta do sepulcro vazio não foi, porém, para Madalena motivo de fé, mas de um sofrimento ainda maior. Sem a referência ao lugar onde tinha sido sepultado o corpo do "seu Senhor", Maria sente-se completamente deslocada, perdida e desolada. Sua reação imediata foi sair correndo para comunicar a Pedro e ao outro discípulo o que tinha acontecido: "Retiraram o Senhor do sepulcro e não sabemos onde o colocaram". Suas palavras são a expressão de seu desconcerto. O plural "não sabemos" expressa os sentimentos da comunidade cristã, a qual, sem a presença de Jesus, sente-se, como Maria, desorientada e impotente. Nem ela nem os outros discípulos estavam preparados para a fé na ressurreição.

Depois de ter contemplado as cenas descritas nos dois primeiros versículos, depois de ter contemplado, mais particularmente, os pensamentos e sentimentos, as decisões e ações de Maria Madalena, reflitamos sobre nós mesmos confrontando nosso modo de pensar, de sentir e de agir com o dela.

Como reagimos nós quando experimentamos a ausência de Jesus? Onde e como o buscamos: no lugar dos mortos, como "morto e sepultado", ou como aquele que é a Vida e que dá a Vida, como o Vencedor da morte?

É significativo que o título cristológico "o Senhor" seja usado 14 vezes nos dois últimos capítulos (1/3 do número de vezes que é usado em todo o Evangelho). Confesso também eu, de todo coração, que Cristo é o Senhor da minha vida? Creio que, se crer nele e me entregar a ele, essa fé transformará minha vida como transformou a de Maria de Mágdala?

2. Maria Madalena procura o cadáver de Jesus (vv. 11-13)

[11]Maria estava junto ao sepulcro, de fora, chorando. Enquanto chorava, inclinou-se para o sepulcro [12] e viu dois anjos, vestidos de branco, sentados no lugar onde o corpo de Jesus fora colocado, um à cabeceira e outro aos pés. [13] Disseram-lhe então: "Mulher, por que choras?" Ela lhes diz: "Levaram o meu Senhor e não sei onde o colocaram!".

A busca de Jesus morto

Nos 11 primeiros versículos a palavra "sepulcro" é repetida nove vezes. Pedro e "o outro discípulo", depois de constatarem que o sepulcro estava vazio, "voltaram para a casa" (v. 10). O retorno de Maria ao sepulcro não é narrado, mas é pressuposto. "Maria estava junto ao sepulcro", como guardiã do "lugar onde o corpo de Jesus fora colocado", presa pelo amor, pela dor e pela fidelidade ao seu Mestre e Senhor. Sem conseguir arredar pé da entrada do sepulcro nem desviar os olhos do lugar onde reina o vazio da morte, o coração de Maria está também envolvido pela escuridão e pela morte, porque pensa que é nesse mundo onde está Jesus.

Nos tratados sobre o Evangelho de João e nos sermões sobre essa passagem Agostinho comenta esse comportamento de Madalena dizendo que um afeto mais forte que o dos dois discípulos foi o que a manteve presa junto ao sepulcro. "O afeto mais forte prendia o sexo mais débil no mesmo lugar." O verbo usado aqui para mostrar a fidelidade inquebrantável do amor de Maria ao seu Mestre é o mesmo que tinha sido usado para descrever sua permanência junto à cruz de Jesus (cf. Jo 19,25). Absolutamente desolada porque, depois de matarem seu Mestre, violaram seu túmulo e roubaram seu corpo, e por não saber quem o levou nem para onde (cf. vv. 2.13.14), não consegue afastar-se do lugar onde viu vivo pela última vez aquele que a tinha feito viver de novo.

Madalena não sabe o que fazer. Só sabe chorar. Seu pranto é mencionado quatro vezes no relato. "Os olhos que tinham buscado o Senhor sem encontrá-lo — comenta Agostinho — desfaziam-se em lágrimas." Porque Jesus tinha sido para ela seu Libertador e seu Mestre muito amado, não podia viver sem ele. Chora sem parar a morte daquele que a tinha amado e que a tinha feito reviver, chora a morte daquele que ela tinha amado com um amor absolutamente apaixonado e puro. E chora, ao mesmo tempo, sua própria morte, pois, sem a presença de Jesus, sua vida não é mais vida. Depois da morte de Jesus, não sabe mais o que fazer com sua vida.

Podemos ver nas lágrimas de Maria as lágrimas dos místicos, dos que choram na "noite escura" da desolação porque a ausência de Deus lhes resulta insuportável. As lágrimas de Maria são ao mesmo tempo lágrimas de desolação e de comunhão, pois chorar pela ausência da pessoa amada é uma forma de comunhão com ela. O teste para saber se amamos a Jesus é verificar quanto sua ausência nos faz sofrer. O preço de todo grande amor é um grande sofrimento. Todo aquele que ama muito está fadado a sofrer muito. Se não experimentamos como insuportável a falta da pessoa amada, é porque não a amamos verdadeira e apaixonadamente.

Como a noiva do Cântico dos Cânticos (cf. Ct 3,1-3; 6,1), Madalena busca sem parar, por todos os lugares e de todas as maneiras, algum sinal da presença do corpo morto de seu Amado, perguntando por ele a todos os que encontra. Embora já tivesse visto que estava vazio, Maria inclina-se mais uma vez na direção do sepulcro para olhar o que há nele. E mais uma vez defronta-se com a realidade que não queria admitir: a ruptura da comunhão com seu Senhor, causada pela sua morte, e o vazio ainda maior causado pelo desaparecimento de seu cadáver. São Gregório Magno comenta assim esse gesto: "Para quem ama, não basta um olhar só, porque a força do amor aumenta a intensidade da busca. Maria buscou uma primeira vez sem encontrar nada. Perseverou na busca e assim acabou encontrando. A demora imposta aos seus desejos fez com que eles, crescendo, apreenderam o que encontraram".

O comportamento de Maria de Mágdala é exemplar para todos os que buscam Jesus. Madalena pode ser vista também como símbolo da comunidade messiânica, na qual, depois da Ascensão, o Senhor não está mais presente visivelmente; e, por isso, pode ser levada a pensar que foi abandonada. Depois de contemplar os gestos e as palavras, o silêncio e as lágrimas, a solidão e o sofrimento de Madalena, reflitamos sobre nossos sentimentos e nosso comportamento quando fazemos a experiência da ausência prolongada de Jesus.

Os sinais da presença do Vivente

"E viu dois anjos vestidos de branco, sentados no lugar onde o corpo de Jesus fora colocado, um à cabeceira e outro aos pés" (v. 12). Onde Pedro tinha visto os panos de linho e o sudário, que eram sinais da morte, Maria Madalena vê dois anjos, isto é, sinais da comunhão entre o céu e a terra, sinais da comunhão de Jesus, que tinha sido sepultado nesse lugar, com a vida eterna de Deus.

Os anjos que no início da vida pública de Jesus sobem e descem sobre o Filho do homem (Jo 1,51), depois de sua ressurreição montam guarda no lugar onde seu corpo fora depositado. Os dois anjos vistos por Madalena estão "vestidos de branco", a cor dos seres celestes, a cor apocalíptica por excelência (cf. Dn 7,9; Ap 1,4; 4,4), o símbolo da alegria e da glória divinas. E estão "sentados no lugar onde o corpo de Jesus fora colocado, um à cabeceira e outro aos pés". Ocupam esses dois lugares olhando um para o outro como os dois querubins nas duas extremidades do propiciatório, o lugar da revelação de Deus aos filhos de Israel (cf. Ex 25,17-22; Hb 9,5).

Maria, porém, não percebe o significado desses sinais da presença do Vivente que estão diante de seus olhos, não percebe que os "dois anjos vestidos de branco" são um sinal da ressurreição de Jesus ainda mais eloqüente que o sepulcro vazio; não os percebe como sinais da vitória da vida, da pureza e da luz sobre a morte, a corrupção e as trevas; não os percebe como sinais da presença do Ressuscitado. Estava tão obsessionada com o desaparecimento do cadáver do Mestre, que mesmo a visão dos mensageiros celestes com vestidos deslumbrantes, ao contrário do que, segundo os relatos de Mc 16,5 e Lc 24,4-5, aconteceu com as mulheres, não suscita nela reação alguma, não lhe causa nenhum interesse nem medo algum.

Os mensageiros celestes tomam a iniciativa de dirigir-se a Maria perguntando-lhe pelo motivo do seu choro: "Mulher, por que choras?". A mesma pergunta lhe será feita logo mais por Jesus. Santo Agostinho interpreta a pergunta dos anjos na linha de mais um sinal da ressurreição do Senhor. O sentido da pergunta seria: Pára de chorar! Você não tem mais motivos para chorar, tem antes todos os motivos para alegrar-se! Não está vendo todos esse sinais que mostram que Jesus ressuscitou?

As lágrimas de Maria revelam, ao mesmo tempo, seu imenso amor e sua pouca fé. Chora sem consolo porque não acredita na promessa feita por Jesus de que ressuscitaria no terceiro dia. A resposta de Madalena à pergunta dos anjos mostra que seu estado de alma não mudou. Totalmente desolada pelo desaparecimento do corpo morto de Jesus, não se assusta com a presença de seres celestes nem dá maior importância às palavras que lhe dirigem. Ela só procura Jesus e nada mais lhe interessa: "Levaram o meu Senhor e não sei onde o puseram". Não diz: "porque levaram o corpo do meu Senhor", mas: "porque levaram o meu Senhor". Mesmo depois de morto, Jesus continua sendo para Maria Madalena seu Senhor.

Reflitamos sobre este ponto para aprofundar nossa fé à luz dos dados do texto evangélico. No v. 12 tinha sido usado o nome "Jesus". No v. 13 Maria fala de Jesus como seu "Senhor". O binômio "Jesus-Senhor" volverá a aparecer repetidas vezes ao longo do capítulo (cf. vv. 14 e 15, 24 e 25, 26 e 27), enfatizando assim a inseparabilidade entre a humanidade de Jesus e seu senhorio. O corpo de Jesus passou pela morte, mas o Senhor venceu a morte.

3. Jesus vai ao encontro de Maria, mas ela não o reconhece

> [14] Dito isto, voltou-se para trás e viu Jesus de pé. Mas não sabia que era Jesus. [15] Jesus lhe diz: "Mulher, por que choras? A quem procuras?" Pensando ser o jardineiro, ela lhe diz: "Senhor, se foste tu que o levaste, dize-me onde o puseste e eu o irei buscar!".

Como buscamos Jesus e como ele vem ao nosso encontro

O modo como o Ressuscitado vai ao encontro de Maria Madalena e entra em diálogo com ela tem muitas das características de outros encontros de Jesus narrados no Quarto Evangelho: o encontro com os primeiros discípulos, com Nicodemos, com a Samaritana, com o paralítico, com o cego de nascença etc. Jesus adapta suas palavras e seus gestos às situações concretas das pessoas com as quais se encontra, revelando-se a elas progressivamente, com palavras e gestos a partir dos quais brota nelas a fé.

Maria busca o corpo morto de Jesus, mas não o encontra porque o busca no lugar errado. O corpo de Jesus não está mais estendido, sem vida, no sepulcro, mas está "de pé", como os vivos. Maria vê Jesus justamente no momento em que muda a direção do seu olhar, no momento em que deixa de olhar para o sepulcro, o lugar da morte, e volta os olhos e o corpo inteiro na direção contrária. Não foi olhando para o lugar onde jazem os mortos, mas olhando na direção oposta, que Maria viu vivo, "de pé", aquele que é o Caminho, a Verdade e a Vida.

Maria "voltou-se para trás e viu Jesus de pé". "Mas não sabia que era Jesus." Não o reconheceu porque não buscava o Jesus vivo, mas o cadáver de Jesus; não o reconheceu porque ainda não podia acreditar que o Jesus que tinha sido crucificado, morto e sepultado tivesse vencido a morte. O olhar de Maria está ainda preso ao passado, às perdas, às recordações, às feridas da crucifixão, morte e sepultura do seu Senhor. Enquanto ficar presa a esse passado de morte, não poderá reconhecer Jesus como o Vivente.

"Maria olhou para trás e viu Jesus." Nesse encontro de olhares, quem viu primeiro a quem? Madalena buscava Jesus por toda parte sem parar e Jesus seguia seus passos, seus olhares e suas buscas no jardim. O Ressuscitado vinha olhando Maria desde antes de o sol nascer. Foi o barulho dos passos de Jesus no jardim, o barulho dos pés que tinham sido atravessados pelos cravos, o que fez com que Maria olhasse para trás? O relato não o diz explicitamente. O que o texto afirma é que, ao voltar-se para trás, Maria Madalena "viu Jesus de pé".

Depois de contemplar demoradamente a cena, reflitamos sobre nós mesmos, sobre as causas de nossas tristezas, sobre nossas buscas. O Ressuscitado quer saber quais são os motivos das nossas lágrimas e da nossa tristeza, quer que partilhemos com ele a causa e a dor de nossas buscas.

Quando nos sentimos desolados por não sentir mais a presença de Jesus, quando o buscamos por todos os caminhos, certos ou errados, ele próprio toma a iniciativa de vir ao nosso encontro e de conversar conosco. A mesma pedagogia usada por Jesus com Maria Madalena será usada também com os discípulos de Emaús. Nos dois relatos o encontro pessoal com Jesus ressuscitado, vencedor da morte, liberta da tristeza, da cegueira, da dureza de coração e da falta de esperança aqueles aos quais se manifesta e lhes dá os dons da alegria, da esperança e da paz.

As primeiras palavras do Ressuscitado e a resposta de Maria

O pecado e a morte entraram no mundo pela conversa da serpente com a primeira mulher no jardim do Éden (Gn 3,1-5). Na manhã do primeiro dia da Nova Criação, no jardim onde o Novo Adão foi sepultado e ressuscitou, ele próprio, Jesus ressuscitado, o primeiro ressuscitado da história, vai conversar com uma filha de Eva, que está desolada porque a morte lhe arrebatou seu Mestre e Senhor. Depois de ter vencido a morte na cruz, na cruz que se tornou a nova árvore da vida, o Adão escatológico dá acesso à vida a todos os filhos e filhas de Adão.

É o Ressuscitado quem toma a iniciativa do diálogo. E a primeira palavra que ele pronunciou foi: "Mulher"; e sua primeira pergunta: "Por que choras?". A segunda pergunta: "A quem procuras?", é quase igual à pergunta feita por Jesus aos dois primeiros discípulos: "O que estais procurando?" (Jo 1,38). Segundo o Quarto Evangelho, estas foram as primeiras palavras pronunciadas por Jesus. Segundo o mesmo Evangelho, as primeiras palavras ditas por Jesus ressuscitado foram também duas perguntas; perguntas dirigidas a uma mulher que, depois de ter feito a experiência do encontro com ele, tinha se tornado sua discípula e o tinha seguido. A primeira pergunta foi sobre o motivo do seu sofrimento: "Mulher, por que choras?". A segunda, sobre o objeto de sua busca: "A quem procuras?".

O Ressuscitado é o Verbo encarnado que ergueu sua tenda no meio de nossas tendas, que percorreu nossos caminhos, que experimentou nossas alegrias e nossas tristezas. Aquele que se autodefiniu como o Caminho, a Verdade e a Vida (14,6), depois de ressuscitado continua vindo ao nosso encontro para responder às nossas perguntas mais existenciais e mais essenciais: "Por que choras?" "A quem procuras?". Só o Ressuscitado, que vem ao nosso encontro e nos faz essas perguntas, pode, em última análise, responder a elas. Porque só ele sabe quais são as razões últimas de nossas tristezas, de nossas perdas e de nossas buscas.

No início do Evangelho, os dois primeiros discípulos responderam à pergunta de Jesus perguntando pelo lugar de sua morada: "Mestre, *onde* moras?" (1,38). No final do Evangelho, Maria de Mágdala responde às duas perguntas do Ressuscitado perguntando pelo lugar para *onde* foi levado o cadáver de Jesus. Está tão desolada pelo desaparecimento do corpo de Jesus e tão obsessionada pela sua busca que sua única preocupação é saber *onde* ele está para ir buscá-lo. A resposta de Maria à pergunta de Jesus foi: "Se foste tu que o levaste, dize-me onde o puseste e eu o irei buscar!". As palavras de sua resposta revelam, pelo acúmulo de pronomes pessoais ("tu", "o", "me", "o", "eu", "o"), a densidade e a intensidade existencial da relação pessoal de Maria com o Mestre.

Mas, analisada racionalmente, a resposta da Madalena não tem lógica. Com efeito, se o homem que ela pensa ser o jardineiro o fosse de fato, como poderia adivinhar de quem ela estava falando ao repetir três vezes o pronome pessoal *o*? Só poderia pensar que estava maluca. Maria, porém, não está louca. Está apaixonada. Suas palavras têm a lógica do amor e não a lógica do pensamento racional. Maria pensa, como todos os enamorados do mundo, que todos estão pensando o que ela está pensando. E para quem ama sem limites, não existem limitações nem obstáculos insuperáveis para encontrar a pessoa amada. Por isso, de novo contra toda lógica, Maria acrescenta: "E eu o irei buscar". Ela está de fato disposta a buscar e carregar o corpo morto do seu Mestre, esteja ele onde estiver, sem pensar como.

Comentando as palavras de Maria Madalena nessa passagem, escreve São João da Cruz: "Isto tem a força e a veemência do amor: que tudo lhe parece possível, e parece-lhe que todos andam pensando o mesmo que ele, porque não crê que haja outra coisa em que alguém se deva ocupar nem que deva buscar a não ser a quem ele busca e a quem ele ama" (*Noche pasiva del espírito*, cap. 13, nº 7).

As palavras e o comportamento de Maria Madalena evocam os da Amada do Cântico dos Cânticos, que sai em busca do seu Bem-Amado durante a noite, rondando pela cidade, pelas ruas e pelas praças, perguntando por ele aos desconhecidos. Como ela, Maria de Mágdala só tem um pensamento na cabeça e um desejo no coração: reencontrar "aquele que seu coração ama" e segurá-lo para sempre (cf. Ct 3,1-4).

Depois de contemplar a cena, reflitamos sobre nós mesmos. De nossa parte, pode existir um amor generoso, mas que não foi ainda suficientemente purificado e que, por isso mesmo, não tem ainda a profundidade do olhar necessária para o reconhecimento do Senhor. Para fazer a experiência do reconhecimento do Ressuscitado, a experiência do encontro pessoal com ele, é necessário percorrer um itinerário.

Sejam quais forem, no entanto, os caminhos a serem percorridos, e mesmo que os motivos da busca do Senhor não estejam inteiramente purificados, quem busca Jesus como o buscou Maria de Mágdala: com os olhos, com o coração, com as palavras, por todos os caminhos e em todas as direções, acabará encontrando-o.

E quem o encontrar, depois de ter feito a experiência do encontro com o Ressuscitado e do seu reconhecimento, partirá para anunciá-lo aos que ainda não o encontraram. Foi isso o que fizeram os primeiros discípulos no início do Evangelho e é isso o que vai fazer logo mais, no fim do mesmo Evangelho, Maria Madalena.

PONTOS PARA A CONTEMPLAÇÃO DA SEGUNDA PARTE

1. Jesus ressuscitado é reconhecido por Maria

> *16Diz-lhe Jesus: "Maria!" Voltando-se, ela lhe diz em hebraico: "Rabbuni!" que quer dizer: "Mestre!"*

O Ressuscitado continua se relacionando com seus discípulos com um amor singular e único

A cena do reconhecimento de Jesus por Maria Madalena é de uma concisão extrema. A comunhão é restabelecida com o intercâmbio de duas únicas palavras: *Mariam! - Rabbuni!* Depois de ressuscitado, Jesus continua se comportando como o Bom Pastor, que "chama cada uma de suas ovelhas pelo próprio nome", e elas "conhecem a sua voz" (cf. Jo 10,3-4.14.27). Maria não reconheceu Jesus quando a chamou com o nome genérico "Mulher", mas reconheceu-o imediatamente quando a chamou pelo próprio nome, na língua materna dos dois: *Mariam*.

Quem ama, ao pronunciar o nome da pessoa amada, expressa todo o amor que sente por ela. Ao ouvir seu nome pronunciado por Jesus, com o timbre inconfundível de sua voz, com o tom carregado de afeto com que a tinha chamado tantas vezes, os olhos da Madalena se iluminaram, do seu coração foram expulsos o medo, a tristeza e a dor que o habitavam e ela sentiu-se inteiramente invadida por uma alegria e uma paz ilimitadas. A voz do Vivente a fez viver de novo, restaurando entre os dois a comunhão que tinha sido destruída pela morte.

O texto diz que ao ouvir a voz de Jesus, chamando-a pelo nome, Maria "voltou-se" para ele. O diálogo com Jesus foi para ela, literalmente, lugar de "conversão". O "voltar-se" de Maria não é um mero gesto externo, é um "voltar-se" interior, movido pelo amor. No momento em que Maria ouve a voz de Jesus que a chama pelo nome, tem lugar uma verdadeira "reviravolta" na vida dela. O gesto de "virar-se" "inverte" toda a situação. O gesto é expressão de uma verdadeira "conversão", de uma mudança radical no seu modo de pensar, de sentir e de agir, na direção e na orientação de sua vida, deixando-se orientar inteiramente por Jesus. Maria voltou-se e respondeu à palavra do Mestre dizendo também ela, em aramaico, uma palavra: "*Rabbuni!*", "Meu Mestre!".

O verbo "voltar-se" tem, portanto, neste versículo, um sentido mais profundo que no v. 14. Agora, Maria não olha mais para o sepulcro, o lugar da morte, mas olha diretamente para o Senhor, o Vivente que lhe devolve a vida. O gesto exterior é expressão da sua nova relação com Jesus; nova relação que restabelece a relação pré-pascal e instaura a nova relação pós-pascal. Santo Agostinho comenta a distinção nestes termos: "Quando Maria Madalena se voltou externamente, por um movimento do corpo, julgou que Jesus era o jardineiro, mas quando se voltou para ele também com o coração, reconheceu Jesus"; a primeira vez "voltou-se com o corpo, imaginando o que não era; agora voltou-se com o coração, reconhecendo o que era".

Contemplando esse mistério na oração, podemos fazer também nós uma experiência mística, se entendermos e praticarmos a oração pessoal como a entendia e praticava Teresa de Ávila: "Um diálogo com um amigo, com o qual nos encontramos sozinhos, com gosto e com freqüência, para falar com ele, porque temos a certeza de que ele nos ama". Jesus vem também ao encontro de nossas buscas, quer saber quais são as causas de nossas lágrimas, de nossa tristeza, de nossa perda da esperança. Ele está "de pé", bem pertinho de nós, vendo-nos e ouvindo-nos, e nos chama pelo próprio nome. Na medida em que nos voltarmos para Jesus e ouvirmos sua voz, faremos também nós a experiência do seu reconhecimento.

Peçamos ao Senhor que nos conceda também a nós a graça de compreender o sentido profundo da cena descrita neste versículo, a graça de experimentar a riqueza da relação de Jesus ressuscitado conosco; peçamos também que seu Espírito nos mova a dar os passos necessários para que a experiência do encontro com o Ressuscitado aconteça também em nós.

A experiência do encontro pessoal com Jesus e seus frutos

Como na aparição aos dois discípulos de Emaús e aos sete discípulos na beira do lago, também aqui o reconhecimento acontece por iniciativa de Jesus e de maneira progressiva. Ao sublinhar a demora dos discípulos em reconhecer Jesus, os relatos querem mostrar que o Ressuscitado vive uma nova forma de existência, mas é sublinhado também que os sentimentos de seu coração para com eles não mudaram. O Ressuscitado continua tendo uma relação pessoal absolutamente única e singular com cada um de nós.

O Ressuscitado dirige-se a Maria chamando-a pelo nome com a mesma voz absolutamente única e inconfundível que ela tinha ouvido tantas vezes. Os harmônicos da voz de Jesus ao pronunciar a palavra *Mariam!* fazem vibrar todas as fibras do coração da Madalena e disparam milhões de neurônios em todas as direções do seu corpo. Essa disparada, quando atinge sua densidade afetiva máxima, produz uma só palavra: *Rabbuni!*

Ao ouvir seu nome pronunciado por Jesus, Maria passa da incredulidade para a fé, da mais profunda e invencível tristeza para uma imensa e indestrutível alegria. Realizam-se nela as promessas de Jesus no discurso de despedida: "Vossa tristeza se transformará em alegria" (16,20); "Ninguém vos tirará a vossa alegria" (16,22). Invadida por essa alegria sem limites, Maria concentra todo o seu afeto numa única palavra: *Rabbuni! Rabbi* tinha sido também a primeira palavra pronunciada pelos dois primeiros discípulos ao responderem às primeiras palavras pronunciadas por Jesus (cf. Jo 1,38). Com uma única palavra: *Rabbuni!* "Meu Mestre!", "Meu Mestre querido!", "Meu Senhor!", pronunciada por Maria dirigindo-se a Jesus, é superado o abismo da morte e é restabelecida a comunhão.

A resposta de Maria é uma profissão de fé. Essa mesma expressão e outras semelhantes eram usadas pelos judeus para se dirigirem a Deus (cf. Jo 20,28). O título "Senhor", que aparece repetidas vezes no capítulo 20 do Evangelho de João, expressa a fé em Jesus na sua condição de Senhor, agora glorificado e presente na comunidade dos discípulos, sobre os quais derrama os dons messiânicos do perdão, da paz, da alegria. "Já havia reconhecido aquele que a iluminara para que o reconhecesse; já via a Cristo naquele que antes pensava ser o jardineiro", comenta Santo Agostinho.

Ao dar-se a conhecer a Maria, o Ressuscitado "ressuscita-a", liberta-a e dá-lhe mais uma vez uma vida nova. Até esse momento, ela estava presa ao passado da paixão, crucifixão e morte de Jesus. Agora, quebrados os grilhões que a prendiam a esse passado, pode olhar para o futuro. Seu Mestre não é mais prisioneiro e vítima dos que o prenderam, torturaram e crucificaram. É o Vivente que venceu a morte e que vem ao nosso encontro para dar-nos a plenitude da vida.

Detenhamo-nos na contemplação desta cena, imagem magnífica do itinerário da fé pascal da Madalena, e que chega ao seu ápice neste momento. Jesus, de pé, revestido do senhorio de Ressuscitado; Maria Madalena, prostrada aos seus pés. Ouçamos a voz do Ressuscitado que pronuncia nosso nome com o mesmo amor recriador com que pronunciou o de Maria de Mágdala.

Peçamos, com muita confiança e perseverança, que nos seja concedida a graça de descobrir a necessidade e os frutos que a experiência do encontro pessoal com o Ressuscitado produz em nós. Jesus está também muitas vezes ao nosso lado e não o reconhecemos. E, de repente, no momento menos esperado, dá-se a conhecer, chamando-nos pelo nome. Se cultivarmos a intimidade com Jesus, passando horas em sua companhia e colaborando com ele ao longo dos caminhos da missão, também nós reconheceremos sua voz. E a voz de Jesus, absolutamente única e singular, evocará em nós toda a história de nossa relação com ele.

2. Uma nova fraternidade, nascida de uma nova filiação

> [17]*Jesus lhe diz: "Não me retenhas, solta-me, pois ainda não subi ao Pai. Vai, porém, a meus irmãos e dize-lhes: Subo a meu Pai, e vosso Pai; a meu Deus e vosso Deus".*

A nova relação do Ressuscitado com os discípulos

Das palavras ditas por Jesus: "Não me retenhas!", podemos deduzir que Maria se prostrou aos seus pés, quer abraçando-os, como as mulheres de Mt 28,9, quer com a intenção de abraçá-los. Foi sua reação espontânea ao reencontrar seu Mestre e Senhor. Também esse gesto pode ser relacionado com as palavras do Cântico dos Cânticos: "Encontrei o Amado de minha alma, segurei-o e não o soltarei" (3,4).

O Ressuscitado, num primeiro momento, deixa que Maria abrace seus pés, marcados para sempre com as feridas dos cravos com que foi crucificado, e que derrame sobre eles suas lágrimas. Mas prolongar o gesto do abraço não é compatível com a nova forma de presença de Jesus no meio dos seus discípulos. As palavras de Jesus poderiam ser traduzidas assim: "Não me retenhas!", ou: "Deixa de segurar-me abraçando meus pés!". Elas não significam recusa da comunhão, mas expressam a necessidade e a urgência da missão.

Depois de ter reencontrado e reconhecido Jesus, Maria não deve querer retê-lo para si. O Ressuscitado não é só o *Rabbuni*, o Mestre e Senhor dela; é o Filho que quis ser o "irmão" de todos os discípulos. Não é a hora de ficar retidos pelos abraços, mas de partir para anunciar aos irmãos que o Senhor ressuscitou e que sobe para junto do seu Pai, que é também o nosso Pai; que sobe para junto do seu Deus, que é também o nosso Deus. Com a "subida" de Jesus ao Pai instaura-se uma nova relação dos discípulos com o Ressuscitado, com o Pai e com o Espírito.

A fé da Madalena está ainda demasiado vinculada à experiência do Jesus terrestre, do Jesus que ela conheceu e amou. Por isso, sua fé deve ser purificada. Maria deve compreender que agora Jesus vive uma nova forma de existência, a qual traz consigo uma nova e mais profunda forma de relacionamento dele com seus discípulos. "Embora o toque possa ainda ser usado (cf. v. 27) como prova de que o Senhor glorificado é o mesmo Jesus que foi crucificado, as velhas formas de contato físico não são mais apropriadas" (C. K. Barret).

Esse ponto é muito enfatizado por Santo Agostinho nos sermões sobre esta perícope. "Cristo é tocado melhor com a fé do que com a carne: tocar o Cristo com a fé, isto é tocar." "Todos os que cremos, o tocamos." "Tocar com o coração: eis em que consiste crer." "Compreende a Cristo coeterno com o Pai, e o tocaste. Se pensas que é um homem e nada mais, para ti ainda não subiu ao Pai." "Tocai-o de tal maneira, que adirais a ele; aderi a ele de tal maneira, que nunca vos separeis dele, mas permaneçais na divindade com ele, que morreu por nós na debilidade."

Reflitamos sobre os caminhos de nossas buscas e sobre as etapas que devemos percorrer para fazer uma verdadeira experiência de encontro com o Ressuscitado. Peçamos que nos seja dada a graça de perceber e interpretar os sinais e as novas formas de sua presença e a graça de obedecer às suas palavras.

O Senhor está sempre presente na comunidade dos seus discípulos, na sua Igreja e na vida de cada um de nós. Mas sua presença só é reconhecida por nós progressivamente, pela percepção e pelo discernimento dos sinais; sinais de sua presença que é sempre possível encontrar, por mais sombrias e tenebrosas que sejam as situações em que nos encontrarmos.

O Pai de Jesus é também o Pai de seus discípulos

Tendo descido do céu para cumprir a missão que o Pai lhe confiou (cf. Jo 3,13; 4,34; 6,33.38.50.51.58), Jesus coroa sua missão voltando para o Pai (cf. 13,1; 16,28) e inaugurando uma nova relação de fraternidade dos discípulos com ele e de filiação com Deus. A volta para o Pai é necessária para que Jesus possa permanecer no meio dos discípulos (cf. 14,21-23) e para que os discípulos possam viver uma nova forma de relação com ele. Voltando para o Pai, o amor com que o Pai o ama estará também presente e atuante nos discípulos: "a fim de que o amor com que me amaste esteja neles e eu neles" (cf. Jo 17,26).

Jesus sobe para o Pai, mas não deixa os discípulos desamparados (14,18). Estando com o Pai, continua unido a eles (14,20), preparando-lhes a morada onde morarão para sempre com ele (14,2-3). Tudo termina onde tudo começou: no Pai, que olha com entranhas de ternura e de misericórdia a humanidade e que decide salvá-la pela missão e pela entrega do seu Filho único (cf. Jo 3,16-17).

Porque pertence ao Pai e aos irmãos, Jesus diz a Maria: "Vai a meus irmãos e dize-lhes: Subo a meu Pai, e vosso Pai; a meu Deus e vosso Deus." O Pai de Jesus, em quem confiou incondicionalmente, cuja vontade foi o alimento de toda sua vida, é agora nosso Pai. Depois da "ascensão" de Jesus e do dom do Espírito (cf. Jo 14,16-17; 16,7), os "discípulos" de Jesus, como filhos de Deus (cf. Jo 1,12), nascidos do Espírito (cf. Jo 3,5), são também "seus irmãos" (cf. 1Jo 3,1).

É neste contexto onde Jesus chama explicitamente, pela primeira vez, os seus discípulos de "meus irmãos". A comunidade dos discípulos de Jesus é mais do que uma comunidade de amigos (15,15). É também uma comunidade de irmãos, uma fraternidade; "fraternidade" que é fruto da "paternidade" de Deus, "paternidade" que nos foi revelada por Jesus.

O amor com que Deus nos ama eternamente é o amor que nos foi revelado e oferecido na encarnação, vida, morte e ressurreição de Jesus, seu Filho muito amado: um "amor extremo" (Jo 13,1), um amor que vai até a morte pelos amigos (Jo 15,13). Nesse sentido podemos dizer que o amor de Deus por nós foi um amor sofrido e crucificado antes de ser glorificado. Para João, no entanto, a crucifixão é já "elevação", sendo a "ascensão" o ápice da "glorificação".

Na teologia da ressurreição/ascensão/glorificação de João não vigoram mais as coordenadas do espaço e do tempo. O Ressuscitado que aparece aos discípulos é o Cristo "glorioso" que está já no céu; tendo "subido" ao Pai, continua, no entanto, presente na comunidade dos discípulos pelo Espírito. Cumprem-se assim as palavras do discurso de despedida: "É de vosso interesse que eu parta, pois, se eu não for, o Paráclito não virá a vós. Quando eu for, enviá-lo-ei a vós" (16,7).

A fé em Jesus Cristo, morto e ressuscitado, não é um assunto privado que se dá na interioridade fechada de uma relação individual. Pela sua própria natureza, pelo dinamismo do Espírito que a vivifica e a move, a relação pessoal com o Ressuscitado, vivida na fé pascal, deve estar sempre aberta ao Pai e aos irmãos.

Detenhamo-nos na contemplação desta cena final da aparição do Ressuscitado a Maria Madalena. Depois de contemplá-la longamente, reflitamos sobre o significado de cada um dos gestos e de cada uma das palavras de Jesus. Peçamos, finalmente, a graça de crescer no conhecimento interno do Senhor, no seu amor e na fidelidade à missão que ele nos dá de ir ao encontro dos irmãos.

3. A missão dada pelo Ressuscitado aos discípulos

[18] *Maria Madalena foi anunciar aos discípulos: "Vi o Senhor!" e as coisas que ele lhe disse.*

Maria de Mágdala, apóstola dos apóstolos

No início do relato, Maria Madalena sai correndo do sepulcro, apavorada, para avisar a Pedro e ao "outro discípulo" que o corpo de Jesus tinha desaparecido. No fim do relato, sai do mesmo lugar, correndo ainda mais; agora, porém, transbordando de alegria, porque enviada pelo próprio Ressuscitado para anunciar aos discípulos que o Senhor ressuscitou, que ela o viu, e as palavras que ele lhe disse.

O conteúdo do primeiro anúncio era: "Levaram o Senhor" (vv. 1 e 2). O conteúdo do anúncio no fim do relato é: "Vi o Senhor!" (v. 18). O verbo "ver" (*horao*) expressa a culminação do itinerário de fé de Maria. Ele começa com o "olhar/ver" (*blepein*) do v. 1, passa pelo "ver/contemplar" (*theorein*) dos vv. 12 e 14, e termina com a profissão de fé do v. 18: "Vi o Senhor!" Esta profissão de fé da Madalena é, ao mesmo tempo, resumo da fé pascal (cf. 20,25; 1Cor 9,1) e ápice do seu longo e doloroso itinerário. O Jesus que ela viu com seus olhos e cujos pés tocou com suas mãos é "o Senhor" ressuscitado, que está junto do Pai, e que se manifesta aos seus discípulos.

Segundo o Evangelho de João, Maria de Mágdala é a primeira testemunha e a primeira mensageira do Ressuscitado, constituída como tal pelo próprio Jesus. Na expressão de Santo Agostinho, Maria Madalena é a "apóstola dos apóstolos". Segundo a expressão usada pelos Padres gregos, ela é "igual aos apóstolos" (*isapóstolos*).

No afastamento da presença visível de Jesus, sem querer segurá-lo para si, e na partida para a missão que ele lhe deu temos a expressão mais bela e mais fecunda do amor de Maria Madalena a Jesus. Porque amam apaixonadamente e têm uma capacidade de entrega sem limites, as mulheres têm uma aptidão especial para acolher o mistério da fé, experimentá-lo e anunciá-lo aos outros.

Da comunhão à missão

A relação dos discípulos com Jesus ressuscitado é uma relação de amor. Mas esse amor é missionário, é um amor que, obedecendo às palavras do Senhor, parte para a missão. Depois do encontro pessoal com o Ressuscitado, os discípulos partem para anunciar e dar o testemunho do que viram e ouviram. De uma ou de outra forma, todos os relatos das aparições do Ressuscitado são relatos de uma experiência de encontro pessoal com o Senhor e, a partir dessa experiência, são também relatos da missão, das suas exigências e das formas de realizá-la. Ao itinerário da fé pascal pertence não só a experiência do encontro pessoal com o Ressuscitado, mas também a comunicação dessa experiência aos outros.

Assim como Maria de Mágdala, depois de encontrar e reconhecer Jesus, foi enviada por ele para anunciar aos irmãos que ressuscitou verdadeiramente e que ela o viu, todos os discípulos, depois do encontro pessoal com ele, são enviados para anunciá-lo aos que ainda não o encontraram. O amor experimentado no encontro pessoal com o Ressuscitado, como todo amor verdadeiro, tem de ser testemunhado diante dos outros e partilhado com os outros. Um dos critérios mais seguros para verificar conhecer a autenticidade do amor a Jesus Cristo é a disponibilidade para as rupturas e partidas contínuas, para missões sempre novas.

A experiência do verdadeiro amor nos despoja de todas as formas de egocentrismo e de narcisismo. Só a experiência do amor verdadeiro cauteriza todas as feridas, mesmo as que a memória do pecado e da culpa mantinha abertas, pulsantes e doídas. Só quem fez a experiência do encontro pessoal com o Vivente, com aquele que venceu a morte e dá a vida verdadeira a todos os que crêem nele, pode experimentar no próprio coração o nascimento e a pulsação da fé, da esperança, do amor e da alegria sem limites. Como conseqüência dessa experiência, brota no coração dessas pessoas a moção interior, irresistível, de partir para anunciar a todos os que ainda não o sabem, que Jesus ressuscitou, quem ele é, o que ele nos diz e como ele nos ama.

Como discípulos de Jesus, não podemos "guardar" para nós as alegrias que experimentamos na nossa relação com ele. A relação com o Ressuscitado não pode ser vivida como uma "posse", o Ressuscitado não pode ser "possuído" como um "bem particular". A comunhão com ele só pode ser vivida partilhando-a com os outros.

O fato de nossas formas de encontro e de relação com o Ressuscitado, como as de Maria Madalena e as dos primeiros discípulos, acontecerem num "mundo novo", não significa que elas acontecem num mundo "mítico", "ilusório", "irreal". O mundo no qual os discípulos e discípulas de Jesus vivem as relações de amor, de comunhão e de obediência com o Ressuscitado é o mundo da vida cotidiana, o mundo no qual amamos e somos amados, temos alegrias e tristezas, assumimos responsabilidades, temos vitórias e derrotas.

Com a missão de Maria, que anuncia o que viu: "Vi o Senhor!", e o que ouviu: "as coisas que ele lhe disse", começa a existir a comunidade dos discípulos e discípulas de Jesus. Justamente por ser a comunidade dos discípulos e discípulas de Jesus, a Igreja não pode ficar fechada nela mesma, mas tem de estar sempre partindo para a missão, para anunciar o amor novo e absolutamente fiel de Deus, que nos foi revelado na vida, morte e ressurreição de Jesus Cristo.

O itinerário de Maria Madalena nos mostra que os discípulos e seguidores de Jesus não podem fechar-se nas recordações saudosistas do Jesus pré-pascal nem numa relação individualista com o Ressuscitado à margem da comunidade. O Jesus que sofreu a paixão e a morte, que foi glorificado e que subiu para junto do Pai, está presente na comunidade dos discípulos. De uma ou de outra forma, é, portanto, na comunidade onde Jesus tem de ser encontrado, amado e seguido.

Podemos, portanto, concluir dizendo que, quando os discípulos obedecem às palavras do Ressuscitado e partem para a missão, esta produz como frutos o crescimento e edificação da própria comunidade dos enviados e o nascimento de novas comunidades.

REFERÊNCIAS BIBLIOGRÁFICAS

Agostinho, *Obras completas de San Agustín*, vol. XXIV. Sermones (4º), 184-272B (BAC, 447), Madrid, 1983, pp. 348-355, pp. 484-511.

Agostinho, *Obras de San Agustín*, XIV. Tratado sobre el Evangelio de San Juan (2º) 36-124 (BAC, 165), Madrid, 1965, pp. 597-604.

Balthasar, H. U. von, *Le coeur du monde*, DBB, Paris, 1959, pp. 170-174.

Barret, C. K. *The Gospel according to St John*, SPCK, London, 1967, pp. 466-471.

Benoit, P. "Marie-Madeleine et les disciples au tombeau selon Jn 20,1-18", in *Exegèse et Théologie*, III, Paris, 1968, pp. 270-282.

Blank, J. *O Evangelho segundo João*, 4/3, Ed. Vozes, Petrópolis, 1991, pp. 158-171.

Blanquart, F. *Le premier jour. Étude sur Jean 20* (Cool. Lectio Divina, 146), Cerf, Paris, 1991, pp. 15-82.

Brown, R. E. *The Gospel according to John, XIII-XXI* (Anchor Bible, 29 A), Doubleday, Garden City, New York, 1970, pp. 979-1017.

Caba, J. *Resucitó Cristo, mi esperanza. Estudio exegético* (BAC, 475), Madrid, 1986, pp. 237-243.

Deutz, R. von, *Lesungen über Johannes. Der geistige Sinn seines Evangeliums*, II, Spee Verlag, Trier, 1977, pp. 878-881, pp. 884-891.

Drewermann, E. "María Magdalena en el sepulcro: 'He visto el Señor'", in *El mensaje de las mujeres. La ciencia del amor*, Herder, Brcelona, 1996, pp. 183-223.

FEUILLET, A. "L'apparition du Christ à Marie Madeleine - Jean 20, 11-12: Comparaison avec l'apparition aux disciples d'Emmaus - Luc 24,13-35", in *Esprit et vie* 88 (1978) 193-204; 209-223.

FISCHER, R. "Interioridad y experiencia amorosa: La historia de la Magdalena", in *Proyecto* 9 (1997) n°. 26, 89-102.

GHIBERTI, G. "Gv 20 nella esegesi contemporanea", in *Studia Patavina* 20 (1973) 293-337.

GREGÓRIO MAGNO, *Homiliarum in Evangelia, Lib. II, Homilia XXV,* in *PL* 76, col. 1188-1196.

KONINGS, J. *Evangelho segundo João. Amor e fidelidade,* Ed. Vozes, Petrópolis, 2000, pp. 396-404.

LAGRANGE, M. J. *Évangile selon Saint Jean,* Gabalda, Paris ⁸1948, pp. 506-513.

LAPLACE, J. *Da luz ao amor. Retiro com S. João Evangelista,* Ed. Loyola, São Paulo, 1990, pp. 215-217.

LÉON-DUFOUR, X. *Lecture de l'Évangile selon Jean. IV: L'heure de la glorification* (chapitres 18-21), Éd. Du Seuil, Paris, 1996, pp. 193-204, pp. 215-227.

MAGGIONI, B. *O Evangelho de João,* in R. FABRIS - B. MAGGIONI, *Os Evangelhos, II,* Ed. Loyola, São Paulo, 1992, pp. 475-483.

MARTÍN DESCALZO, J. L. *Vida y misterio de Jesús de Nazaret,* III: *La cruz y la gloria,* Ed. Sígueme, Salamanca, ⁸1991, pp. 390-393.

C. M. MARTINI, "A Madalena (Jo 20,11-18)", in *A mulher no seu povo,* Ed. Loyola, São Paulo, 1986, pp. 88-94.

MATEOS, J. - BARRETO, J. *O Evangelho de João,* Ed. Paulinas, São Paulo, 1989, pp. 809-827.

MILLER, G. "Maria von Magdala – eine Frau, die man kennen muss", in *Von Batseba und andere Geschichten,* Kösel Verlag, 1996, pp. 189-210.

MOLLAT, D. "La foi pascale selon le chapitre 20 de l'Évangile de saint Jean (Essai de théologie biblique)", in *Ressurrexit. Actes du Symposium international sur la Résurrection de Jésus (Roma 1970)* (ed. E. DHANIS), Roma, 1974, pp. 316-332, esp. pp. 321-325.

ORBE, A. *Vísperas de Ascensión. Meditaciones sobre la vida gloriosa de Jesús,* Santandreu Editor, Barcelona, 1990, pp. 43-45, pp. 75-77, pp. 105-125.

PANIMOLLE, S. A. *Lettura pastorale del Vangelo di Giovanni,* vol. III, Ed. Dehoniane, Bologna, ²1986, pp. 442-445.

SCHNACKENBURG, R. *Das Johannesevangelium. III Teil,* Herder, Freiburg i. Br. ³1979, pp. 362-365, pp. 371-380.

SIMOENS, Y. "Hommes et femmes, amis dans la lumière de Pâques. Jo 20,1-18", in *Vie Consacrée* 53 (12981) 131-141.

——, *Selon Jean. 3: Une interpretation* (Coll. IET, 17), Bruxelles, 1997, pp. 865-884.

SUDBRACK, J. "'Sie wandte sich und sah Jesus dort stehen'. Eine Osterbetrachtung", *GuL* 50 (1977) 149-151.

ZEVINI, G. *Evangelio según san Juan,* Ed. Sígueme, Salamanca, 1995, pp. 473-487.

Edições Loyola

editoração impressão acabamento

Rua 1822 n° 341 – Ipiranga
04216-000 São Paulo, SP
T 55 11 3385 8500/8501, 2063 4275
www.loyola.com.br